中國書畫基本叢書

法書考 圖畫考 校注

〔元〕盛熙明 著
宋佳俊 校注 曹 旭 審定

上海書畫出版社

中國書畫基本叢書編輯委員會

總序

王立翔

藝術伴隨着人類文明的發生發展而源遠流長，這其中，散落在華夏大地上的中國藝術瑰寶，成爲了世界文明源頭的重要標志。而與其他文明古國相比，中國藝術（主要指書畫藝術）與文獻的淵源特别綿長悠久。唐張彦遠《歷代名畫記》云：『書畫同體而未分，象制肇創而猶略，無以傳其意，故有書；無以見其形，故有畫。』他不僅追溯了華夏文明文字與繪畫的源頭，同時揭示了中國人對這兩者功能及其互補特性的認識。中國的書畫藝術及其與文獻的特殊關係，便是在這樣一種淵源之下生長起來的。這一傳統綿延有二千餘年，使得中國的書畫文獻成爲了世界文化的一筆豐厚財富。

因着中國人的特有稟賦和山川養育，中國的書畫藝術形成了獨立世界藝術之林的表現方式，承載着中國人的思想與情感，寄托了他們看待人生、理解世界的思索，而這些形式和内涵也早早地以文字的方式，匯入中國各類文獻之中，并伴隨着書畫藝術發展的不同時期而形成由分散而漸獨立、由片言殘簡而漸卷帙浩繁的奇觀。更爲重要的是，在記録與闡釋中國書畫藝術的進程中，逐漸形成了諸多中國書畫文獻的特質，并與圖像遺存一起，成爲認識中國古代書畫藝術狀貌，觀照中國書畫發展史，揭示中國藝術精神不可或缺的重要憑據。

中國書畫文獻的構成，是以書畫藝術爲對象，以文字方式進行記録、觀照和研究的歷史文獻。現今存留的早期文獻，散見在先秦諸子之言中。作爲中國思想文化的萌發時期，中國諸多的藝術觀念源頭也發軔於斯。其中以孔子的『明鏡察形』之説和莊子『解衣盤礴』之説爲最重要的代表，分别借藝術創作闡述儒家、老莊的人生哲思，雖重點不在藝術，但都切中藝術功能的本質，這形成了後世藝術創作『外化』和『内求』兩種功用和理論的分野。中國藝術在其早期即與中國的學術思想聯動，這種特性與中國書畫的筆墨呈現方式相結合，形成了中國文人在藝術創作和理論上的深度契入。繪畫在宋元以後形成了重要一脉，書法則因文字的關聯，更是早早成爲主角，在魏晋時期主導藝術達到巔峰。同時，文士的契入，更是在書畫文獻的發育和積累中擅其所長，發揮了巨大作用。如漢魏六朝時期，涌現出一批文學色彩濃厚的書法文獻，如漢末崔瑗《草書勢》、西晋衛恒《四體書勢》、索靖《草書勢》、南朝齊王僧虔《書賦》等等，竭盡描述書法美感之能事，深深影響了當時和後世的書法創作。現存最早的完整繪畫文獻是南朝謝赫的《古畫品録》，這部著作不僅提出了系統的繪畫六法，還以獨特的方式涉及了畫品和畫史，影響深遠。在此之後，歷經後世各朝，文人和畫家，或兼有雙重身份者，分别從其特長出發，更多地投身到書畫文獻的著述中，書畫文獻著作數量逐漸宏富，内容更爲廣闊，闡述愈加精微，并建構起論述、技法、史傳、品評、著録、題跋等多樣體式，形成了中國獨有的書畫文獻體系。除專著、叢輯、類編等編撰形式之外，更有大量與書畫藝術相關的文字，散落在别集、筆記、史傳等書中，成爲我國彌足珍貴的藝術文獻遺産。

前後二千餘年的累積，雖因年代久長，迭經變遷，尤其是早期的書畫文獻散佚甚多，但留傳下來的數量仍稱浩繁。古人以上述諸種的撰著體式，將書畫藝術所涉及的研究對象均包羅在内，毫無疑問成爲後人理解和借鑒的重要寶藏。除了其他文獻都具備的史料特性外，我們還可以認識到中國書畫文獻許多重要特質。

前述孔子與莊子對繪畫功能的重要論述，實是中國藝術思想和精神的發軔源頭。先秦時期，『畫繢之事』雖爲百工之一，但其社會地位仍然低下。孔子從統治秩序和人生哲思層面將繪畫的社會功用作了理想闡述，這一思想通過文獻流播當時和後世，爲歷代帝王和士大夫所接受，認爲繪畫可以『成教化，助人倫，窮神變，測幽微』，『有國之鴻寶，理亂之綱紀』，可與『六籍同功，四時并運』（《歷代名畫記》）。這大大提升了藝術的社會地位，成了藝術功能社會化的發端。也正是這一認識，解釋了中國歷史上文人士大夫乃至帝王熱衷於書畫創作和鑒賞的原因。

相對社會功用的『外化』，孔子還提出了藝術『内省』的『繪事後素』一説，揭示了繪畫『怡悦性情』的内在本質，引導出影響中國藝術的一項重要審美標準『雅正』。同樣，孔子的這一觀念，也淵源於其内省修身的理論，『依仁游藝』是儒家思想的歸屬（藝原謂六藝，但其中也包含與藝術相關的内容），并由此引申出『君子比德』的『品格』之説。同樣是觀照藝術本體，與孔子的中庸思想不同，莊子的『解衣盤礴』以不拘形迹的方式探求藝術家内心的真率，更容易被藝術家所接受。

這兩種觀念的不斷深化和融合，逐漸構成了中國藝術精神博大精深的内核，而這種深化和融合的諸種軌迹，隨着後世政治宗教倫理學術思想的豐富而曲盡變化，行諸文字，則大量反映在後世的書畫文獻之中。而後世的書畫文獻基本依存其自身發展的需求，在更寬廣的領域對書畫藝術的成果、現象、技術、規律、歷史、品鑒等等内容進行記録和研究，産生了浩瀚的文獻，成爲今天極其豐厚的文化遺産。

在二千多年的累積過程中，中國的書畫文獻雖然數量龐大，但仍有一定的系統性，許多文獻因具有開創性和典範性而具有經典意義。如南齊謝赫《古畫品録》，唐孫過庭《書譜》、朱景玄《唐朝名畫録》，宋郭熙《林泉高致》、郭若虚《圖畫見聞志》、黄休復《益州名畫録》、米芾《海嶽名言》，明董其昌《畫禪室隨筆》，清石濤《畫語録》等等。最爲著名的當屬唐張彦遠的《歷代名畫記》。這部完成於唐大中元年（八四七）的繪畫史專著，被人譽爲畫史中的《史記》，是我國第一部美術通史著作。它以中國傳統學術史、論結合的方式，開創了繪畫通史的體例，對繪畫的社會功用、自身規律、畫家個人修養和内心精神探索等重要問題發表了客觀而積極的見解；在保存前代繪畫史料和鑒藏資訊方面，尤其功績卓著。《歷代名畫記》之所以對後世具有經典意義，張彥遠對文獻的搜羅及研究之功至爲重要。

經典文獻毫無疑問具有重要的學術價值，因此對後世而言具有引領性和再研究價值，甚至在體式上也具有示範性。在書畫文獻的歷史上，這種特徵最明顯，并形成了傳統。南齊謝赫《古畫品録》之後，有陳姚最《續畫品》、唐李嗣真《續畫品録》；唐張懷瓘撰《書斷》之後，有朱長文《續書斷》；孫過庭著《書譜》後，姜夔作《續書譜》。有的後來居上，聲譽蓋過前著，如元人陶宗儀以《書史會要》接續南宋陳思《書小史》和董史《書録》；也有雙峰并峙、相互輝映者，如康有爲《廣藝舟雙楫》與前著包世臣《藝舟雙楫》。當然，傳統的承續性和內容的再研究，并不完全僅僅體現在書名上，更多的是在體式上和內涵中。

與其他類型文獻的歷史過程一樣，書畫文獻這一豐厚的文化遺産，也是經歷了漫長的歷史年輪，有着自身的成長軌迹。書畫藝術雖然與中國美術的淵源極爲悠久，但因其與載體（紙帛、金石、簡牘等材料）有不可分割的關聯，書畫文獻無疑也以其記述之對象的內涵和外延爲範圍。漢魏兩晋時期被視爲書畫文獻的發端期，東漢崔瑗《草書勢》、趙壹《非草書》等文被視爲現存最早的書法專論。這個時期的書畫文獻因散佚而遺存十分有限，一些重要名家的文字，多被後人推斷爲後世托名之作，若王羲之的《題衛夫人筆陣圖後》等。比較可靠的文獻，多有賴於他人的引録。

六朝隋唐則是書畫文獻的成熟期。這時的書畫創作和批評鑒賞已蔚然成風，一些美學觀念和研究方式得以建立，對書畫藝術的認識進入到一個更加系統的階段，出現了謝赫《古畫品録》、張彦遠《歷代名畫記》、孫過庭《書譜》這樣彪炳後世的著作。

宋元進入深化期，帝王士大夫深度介入書畫藝術，創作和理論研究相得益彰，書畫藝術更多地融匯在上層階級的政治文化生活中，書畫文獻數量進一步擴大，顯示出深化發展的特徵。

明代是書畫文獻的繁盛期，主要原因一是商品經濟進一步發展，市民階層興起，社會思想活躍，藝術上分宗立派，鑒藏風氣大盛，書畫藝術呈現出嶄新的需求；二是刻書業的發達，文人和畫士看重傳播效應，著述熱情高漲。這些都使得明代的書畫文獻數量和體量均超越了前代。

清代可稱承續期，書畫文獻的數量進一步增加，作者身份和著述目的亦更加多樣複雜，書畫文獻的門類在進一步完備的同時，也延續了明人因襲蕪雜之風。樸學、碑學的興起，則大大刺激了金石書畫論述的開展，皇宫著録規模更是達到了巔峰。對書畫研究和著録的熱衷，并未因清王朝覆滅而停滯，而是繼續綿延至民國。

受現代西方藝術史學的影響，今人將圖像也視爲文獻的一種。這種觀點放置於中國書畫，確實也更有其合理性，因爲圖像兼具有可闡釋的諸種資訊，是可以用文字還原的；而在中國書畫中，文字之於作品的不可忽視的地位，也足以顯示圖像與文獻相映的多元關係。

然而中國書畫文獻的體系是中國古代自身固有的，梳理中國歷代書畫文獻，還是主要依靠中國的傳統學術，從其自身的系統中去觀照進行。因此，我們今天討論的中國書畫文獻，仍然是以文字形態存在的典籍爲主。而事實上，中國書畫著述的傳統，向來是超越作品本體，更注重揭示其豐富的内涵和外延，這正是中國書畫文獻特别重要的價值所在。

書畫典籍作爲書畫藝術研究具有核心作用的材料，是我們解决書畫藝術本體問題和歷史現象可靠性的基本依據。因此，書畫文獻的專門化梳理，是我們繼承和用好這筆豐厚遺産的前提。但在古代學術分類中，書畫典籍的專門化則有一個過程。在《隋書·經籍志》之前，史志均未專設與書畫有關的門類，與藝術有關的樂（樂舞）、書（小學）作爲儒家經典的附庸，被安排在六藝（或經部）之中。但彼時藝術（書畫）的自覺尚未發端，典籍亦不够豐富，故難有獨立之目。《新唐書·藝文志》始有『雜藝術類』，僅録張彦遠《歷代名畫記》等書畫之屬典籍十一種。直至清《四庫全書》，書畫（另有篆刻）之屬被歸在子部藝術類中，這纔與今天書畫篆刻之藝的歸屬基本一致。但有些書法文獻則因與金石、文字有關，仍分散在經部、史部等類别中。

如同其他專門之學對於史料的需求一樣，歷代書畫文獻之於今天中國藝術學科研究的重要作用是不言而喻的。不過以中國歷史研究爲參照，書畫文獻的史料價值至今遠未得到有效利用，這在某種程度上與書畫文獻的整理不够有關。歷史研究有三段説，即史料之搜集、史料之考證解讀、史料之運用，史料須從浩瀚的歷史文獻中勾稽而出，同時又在研究、運用過程中被更深度發掘。因此，對書畫文獻進行『整理』、『研究』和『整理之研究』，是一項大有可爲的工作，對治書畫史和藝術史來説尤爲重要。

中國古籍卷帙可謂汗牛充棟，歷代書畫文獻也堪稱浩繁。由於學界研究和新一代書畫讀者的閲讀需要，從歷代文獻裏梳理出更多的重要書畫典籍，并以適宜現代讀者正確閲讀理解爲指向地加以整理研究，是今天出版人所應做的工作之一。上海書畫出版社向以中國藝術文獻的整理出版爲己任，《中國書畫基本叢書》就是在認真梳理歷代書畫文獻的基礎上，借鑒業已積累的經驗，充分發揮本社的專業優勢，有效組織各種資源，借助當下之技術條件，决心出版的一套主旨明確、内容系統、版本精良、整理完備、檢索便捷、切合時代、適合讀者的大型歷代書畫典籍叢書。叢書之『基本』寓意，一是以傳統目録學方式觀照歷代書畫文獻，選取史有公論、流傳有緒、研究必備的書畫典籍，以有助讀者『辨章學術，考鏡源流』。二是指整理出版的範圍，確定爲流傳、著録有序之歷代書畫典籍。今廣義之文獻，多含散見於其他文獻中的書畫資料，包括未見諸已編集著作中的詩文唱和、往來書翰，以及留存於書畫作品之上未經集録的相關題跋等等，此類文獻的搜輯整理出版，尚有待於將來。三是以當今標準的古籍整理方式爲基本要求，充分吸取已有之研究成果，達到規範的文獻整理出版要求。

需要指出的是，治中國傳統之學的一大特徵，是融文史哲於一爐，治書畫藝術之學，既要結合書畫藝術之本真，又當置身於中國國學之中，這是土壤，這是血脉。因此，整理研究好書畫文獻，必須以傳統的版本校勘之學爲手段，以深厚的中國歷史文化爲基礎，做更多具體而微的工作。

願所有參與本叢書整理研究編輯出版工作的同道們，能爲傳承和弘揚這份優秀的遺産作出應有的貢獻！

總目録

《法書考》、《圖畫考》整理說明

一、盛熙明及其生活的時代

盛熙明，元代書畫理論家，本龜兹人，後遷居豫章（南昌）。明釋廣賓《杭州上天竺講寺志》卷十二載：『元盛熙明，龜兹人，乃祖、乃父生居西域，世與佛鄰，善誦佛書，深達梵語。』可知，盛熙明的祖、父輩均是龜兹人，又稱『回鶻』，即今天的新疆庫車縣一帶。祖父輩隨元人南下，開始定居南方，盛熙明後在豫章長大。盛氏家世奉佛，其本人也有很高的佛學修爲，同時，他又生長在漢人文化圈中，也精通漢文化，據陶宗儀《書史會要》載其『清修謹飭，篤學多材，工翰墨，亦能通六國書』。可知在才學上，其與漢族士人無異。

盛熙明具體生卒年不詳，但可以確定其在元英宗至元文宗朝在世，且與元朝文壇大家虞集、歐陽玄等均有往來，虞集《道園學古録》卷三《題東平王與盛熙明手卷》詩序云：

宋宣和手敕一通，卷首題識四字，我朝英宗皇帝御書也。帝嘗以至治三年正月十五日幸五華山，臣有以此書獻者。丞相拜住侍側，就題以賜之。既歸第，曲先盛熙明寫金字佛書一帙贄丞相，丞相因以此卷貺之，且語以其故。至順三年三月八日，熙明屬歐陽玄記其事於左方。

至治三年（一三二三）正月十五日，元英宗幸五華山，有大臣獻宋宣和手敕一通，英宗在卷首題字並將此卷賜給丞相拜住，拜住歸第，將此卷轉贈給盛熙明。直到至順三年（一三三二）三月八日，盛熙明屬歐陽玄記此事於卷左方，由此可知，盛熙明與丞相拜住、文學家虞集、歐陽玄均有往來。

盛熙明晚年遠離廟堂，隱居在四明（寧波），期間編修過《補陀洛迦山傳》，與江浙行省左右司郎中劉仁本往來密切。現存劉仁本《羽庭集》中有《癸卯新正次盛熙明見寄韻二首》，癸卯是元至正二十三年（一三六三），所以，盛熙明在一三六三年左右依舊在世。據《補陀洛伽山傳》載其晚年住在海濱，恭謁神靈，今存其《遊普陀》詩兩首，其中有句云：『驚起東華塵土夢，滄洲到處即爲家。』正反映了他晚年隨遇而安的生活態度。他晚年在江浙一帶傳播佛教、整理典籍，成爲第一個整理普陀山文化的人。①

---

① 倪濃水．普陀山文化史［M］．杭州：浙江大學出版社，二〇一八年，第二〇頁。

二、《法書考》、《圖畫考》及其價值

（一）《法書考》及其價值

《法書考》是盛熙明創作的一部書法理論著作，是書始作於元文宗至順二年（一三三一），揭傒斯《法書考》序云：

至順二年，盛君熙明作《法書考》，稿未竟，已有言之文皇帝者，有旨趣上進，以修《皇朝經世大典》，事嚴，未及録上而文皇帝崩。四年四月五日，今上在延春閣，遂因奎章承制學士沙剌班以書進。上方留心法書，覽之徹卷，親問八法旨要，命藏之禁中，以備親覽。

據此可知，至順二年時，盛熙明開始撰寫《法書考》，書未成，就已經有人言之於元文宗。次年，元文宗去世了，并未録上。四年四月五日，盛熙明以是書進元順帝，皇帝非常喜愛，藏之於禁中，以備親覽。由此可知，是書始作于至順二年，成書應該在至順三年左右，至順四年進上以供閱讀，後藏之於禁中。元朝文宗、順帝都留心書法，盛熙明創作《法書考》主要是供皇帝閱讀，指導他們書法創作。

《法書考》共八卷，卷一《書譜》，分《集評》與《辨古》。《集評》分上中下三品論人，多集歷代書論以定書家之品第。《辨古》主要辨析歷代書法作品之真僞，多摘引吾丘衍《學古編》。卷二《字源》，分《梵音》和《華文》。《梵音》列梵音十六聲和三十四母，可知盛氏通曉梵文。《華文》論述漢字之産生和演變，主要摘録許氏《説文解字序》及張懷瓘《十體書斷》。卷三《筆法》，分《操執》和《揮運》。《操執》論述如何執筆，《揮運》論述如何用筆。卷四《圖訣》，分《八法》和《偏旁》。《八法》論述『永字八法』，《偏旁》論述常見偏旁部首口訣。卷五《形勢》，分《布置》和《肥瘠》。《布置》討論結字安排，《肥瘠》討論書法肥瘦。卷六《風神》，分《情性》、《遲速》、《方圓》，主要討論書法審美問題。卷七《工用》，分《宗學》、《臨摹》、《丹墨》，主要討論師法臨摹。卷八《附録》，分《印章》、《押署跋尾》，討論印章的起源、考辨、用印等問題。

余紹宋《書畫書録解題》稱其『足稱簡要，朱竹垞謂其文約旨該，尚非虚譽』。其説不誤。在短短一部書内，幾乎論述了關於書法的所有要素，如用筆、審美、臨摹、優劣……，這應該是現存元代最全面的書法論著。此外，《法書考》博采諸家之説，在保留歷代書法文獻上有很重要的意義，如袁裒《書學纂要》，此書現已亡佚，如今只能藉助《法書考》所引《書學纂要》之記載窺其大概。此外，《法書考》在明清兩代書論中流傳較廣，對明清兩代書法理論産生了很重要的影響。如陶宗儀的《書史會要》就曾參考過《法書考》，按《書史會要》卷四記載劉宋時期書法家張斯云：『張斯，善書。梁武帝謂如辨士對揚，獨語不回，得心會理。』宋齊間并無『張斯』其人，《墨藪》、《書苑菁華》所引梁武帝此評爲『張融』而非『張斯』。盛熙明《法書考》卷一載：『張斯。梁評如辨士對揚，獨語不回，得心會理。』盛熙明誤將『張融』寫成『張斯』，陶宗儀未加判斷，就直接抄録《法書考》，故有此誤。因此，可以判定陶宗儀作《書史會要》時，《法書考》是其重要的文獻來源。此外，明代潘之淙《書法離鉤》亦效仿《法書考》分上、中、下三品論人，其中下品『張斯、齊高帝、劉珉』，與《法書考》全同。潘氏將『張融』誤作成『張斯』，前後排列順序也相同，可知也是直接抄録《法書考》之故。因此，《法書考》對《書史會要》、《書法離鉤》等書法理論著作有著重要的影響。

但是，此書也多爲後世研究者所詬病。一方面，該書多摘引前人之述作，創新不足，余紹宋批評其『亦皆摘抄成文，較他卷爲蕪雜，采僞籍亦較多』。據王小飛、張玉坤統計，《法書考》一書中摘引歷代書論著作達五十六種。[①] 誠然，《法書考》確實有很多引文，但也并非照本全抄，盛熙明多節録歷代書論以證己説。以《集評》爲例，他雖受到庾肩吾《書品》分品論人的影響，但他并没有直接抄録，而是綜合摘録歷代書評家之評價，最後做出了統一判斷。又如《書後品》、《古賢能書録》等均未對唐太宗書法做出評價，而盛氏將其定爲中品，可見盛熙明對前人未評之書家，也有自己的主觀判斷，其所摘引的文獻僅作爲支撑自己論點的論據而已，故

---

① 王小飛、張玉坤：元盛熙明《法書考》的書法文獻價值[J]．中國書法，二〇一七（〇七），第一九〇—一九一頁。

而，《法書考》還是有别于《書苑菁華》之類的彙編著作的。

另一方面，盛熙明在徵引文獻時也存在一些錯誤，如《法書考》卷一《集評》上品倉頡條引張懷瓘云：『古文神品。』按《書苑菁華》卷七録張懷瓘《古賢能書録》神品二十五人，其中古文一人，爲史籀而非倉頡，這種錯誤應該不是後世傳抄所致，而是盛熙明最初的誤引。又卷一《集評》品王僧虔云：『宋文帝問曰：「朕書與卿孰優？」對曰：「帝書帝中第一，臣書臣中第一。」上笑曰：「卿可謂善自謀矣。」』按《南齊書·王僧虔傳》載與王僧虔論書的是齊高帝蕭道成而不是宋文帝，這也是盛熙明徵引文獻時未加甄别所誤引。

（二）《圖畫考》及其價值

《圖畫考》是盛熙明繼《法書考》完成不久之後又撰寫的一部繪畫理論著作，是《法書考》的姊妹篇。據盛熙明《進圖畫考序》云：『臣不揣愚陋，昔備藝文，生嘗著《法書考》，今復博采傳記，芟繁摭要，撰爲《圖畫考》一通，凡七卷，繕寫裝潢，謹上進聞，臣不勝惶懼激切屏營之至，臣盛熙明謹序。』可知，《圖畫考》的成書應該在《法書考》完成後不久，推測應該在至順四年左右，其目的和《法書考》一樣，以供皇帝翻閱，指導其繪畫創作。

《圖畫考》一共七卷，分爲《叙古》、《工用》、《紀藝》、《名譜》、《鑒藏》五目，《叙古》下有《述原》、《興廢》、《規鑒》、《圖名》、《師傳》五個子目，《工用》下有《筆法》、《氣韻》、《設色》、

《模拓》四個子目，《紀藝》下有《佛道》、《人物》、《傳真》、《宮室》、《山水》、《竹木》、《花鳥》、《蔬果》、《龍魚》、《畜獸》十個子目，《名譜》下有《上古》、《中古》、《近古》三個子目，《鑒藏》下有《辨謬》、《品價》、《印記》、《裝褙》、《藏玩》五個子目。共計五個大類，二十七個子目，目次清晰明朗。

從體例結構上來看，《圖畫考》基本上照搬了《歷代名畫記》和《圖畫見聞志》的結構框架，如《述原》仿照的即是張彥遠的《歷代名畫記·叙畫之源流》。

從内容上看，《圖畫考》和《法書考》一樣，多抄撰前人之作，主要有張彥遠《歷代名畫記》、郭若虛《圖畫見聞志》、《宣和畫譜》、郭熙《林泉高致》、米芾《畫史》這五部唐宋以來的繪畫理論著作，爲理清《圖畫考》之文獻來源，現將《圖畫考》所引之書目臚列於下：

《圖畫考》所引書目表

《圖畫考》及其相關目次		《圖畫考》主要引用書目
卷一 叙古	述原	《歷代名畫記·叙畫之源流》、《林泉高致·序》
	興廢	《歷代名畫記·叙畫之興廢》
	規鑒	《歷代名畫記·叙畫之源流》、《宣和畫譜·人物·李公麟》、《畫史》
	圖名	《歷代名畫記·述古之秘畫珍圖》、《圖畫見聞志·叙圖畫名意》
	師傳	《歷代名畫記·論傳授南北時代》

（續表）

《圖畫考》及其相關目次		《圖畫考》主要引用書目
卷二 工用	筆法	《歷代名畫記·論顧陸張吴用筆》、《圖畫見聞志·論用筆得失》、《林泉高致·山水訓》、《畫史》
	氣韻	《歷代名畫記·論畫六法》
	設色	《歷代名畫記·論畫體工用拓寫》
	模拓	《歷代名畫記·論畫體工用拓寫》、《畫史》
卷三 紀藝	佛道	《圖畫見聞志·論曹吴體法》
	人物	《圖畫見聞志·論製作楷模》、《宣和畫譜·人物·周昉》
	傳真	《圖畫見聞志·論衣冠異制》、《畫史》
	宫室	《歷代名畫記·論顧陸張吴用筆》
卷四 紀藝	山水	《歷代名畫記·論畫山水樹石》、《圖畫見聞志·論製作楷模》、《宣和畫譜·山水·畢巨集》、《宣和畫譜·山水·巨然》、《林泉高致·山水訓》、《畫史》
卷五 紀藝	竹木	《宣和畫譜·花鳥》、《林泉高致·山水訓》、《畫史》
	花鳥	《歷代名畫記·論製作楷模》、《歷代名畫記·論黄徐體異》
	蔬果	《宣和畫譜·蔬果序論》
	龍魚	《歷代名畫記·叙製作楷模》、《宣和畫譜·龍魚叙論》
	畜獸	《歷代名畫記·論製作楷模》、《圖畫見聞志·故事拾遺》、《畜獸叙論》

（續表）

《圖畫考》及其相關目次		《圖畫考》主要引用書目
卷六 名譜	上古、中古、近古	《歷代名畫記・叙歷代能畫人名》、《圖畫見聞志・紀藝》
卷七 鑒藏	鑒藏	《歷代名畫記・叙師資傳授南北時代》
	品價	《歷代名畫記・論畫體工用搨寫》、《歷代名畫記・論名價品第》
	印記	《歷代名畫記・叙自古跋尾押署》、《圖畫見聞志・近事・李主印篆》、《畫史》
	裝背	《歷代名畫記・論裝背褾軸》、《畫史》
	藏玩	《歷代名畫記・論鑒識收藏購求閱玩》

從上表可看出，《圖畫考》一書之中，所引最多的是《歷代名畫記》，其次是《圖畫見聞志》、《宣和畫譜》、《畫史》、《林泉高致》，可見其深受唐宋以來的繪畫理論著作的影響。

現存元代繪畫理論著作雖有不少，然多散見於筆記、題跋之中，畫論專著并不多。而在爲數不多的元代畫論之中，又多以專論性的爲主，如論竹則有李衎《竹譜詳録》、管道昇《墨竹譜》等，論山水則有黄公望的《寫山水訣》，論人像則有王繹《寫像秘訣》，像《法書考》這樣系統全面的繪畫理論并不多見，此外，它比同樣以抄録成書的《圖繪寶鑒》早了三十多年。它是繼唐代張彦遠《歷代名畫記》和宋代郭若虚《圖畫見聞志》之後又一部全面、系統的繪畫理論著作。他在體例上參考了《歷代名畫記》和《圖畫見聞志》，内容上綜合了唐宋以來最爲重要的書畫理論著述。所以，從《歷代名畫記》到《圖畫見聞志》再到《圖畫考》，可以看出中國古代繪畫理論的發展脈絡。此外，《圖畫考》這部書條理清晰，《鐵琴銅劍樓藏書目録》中稱其『條理佚然』。再者，它在保留前代文獻上也有突出貢獻，盛熙明在摘録前代文獻時，多是大段原文抄録，故而對於校勘《歷代名畫記》、《圖畫見聞志》、《畫史》、《宣和畫譜》等書都有重要的意義。

但是，它的缺點也很明顯，和《法書考》一樣，多半是摘引抄蕞他書而成，因此也深受後人詬病。

三、《法書考》、《圖畫考》的版本及其流傳

（一）《法書考》的版本及其流傳

盛熙明《法書考》一出，就曾付梓刊行，歐陽玄《法書考》序云：『給事中兼起居注亦思剌瓦性吉時中出資鋟梓以廣其傳。』但元明兩代已不見其刻本流傳，直到明末清初，才有抄本傳世。現存《法書考》主要有曹寅楝亭十二種本、吴西齋抄本以及四庫全書抄本。關於其版本

之流傳，據傳增湘《藏園群書經眼録》卷七載失名臨何小山跋云：

康熙戊戌仲秋，鹽官馬寒中持張伯起手抄本來，破費半日功夫校一過。張本向藏倦圃先生，先生殁後，將舊鈔宋元版書五百册質於高江邨，竹垞先生倍其直而有之，此册亦在數中。壬午、癸未間，竹垞寓居慧慶僧房，此册適在行囊，時毛斧季、王受桓皆抄得一本，後假鹽官曹公刻出。竹垞既没，此册又歸寒中，故可以粗校。惜書不甚良，又錯亂誤謬處，張氏亦不能勘正爾。小山仲子記。

據上何小山跋云，此書明代張鳳翼（字伯起，一五二七——一六一三）曾手抄一本，張本後來由曹溶（字潔躬，一號倦圃，一六一三——一六八五）所藏。曹溶死後，將張氏抄本抵押給了高士奇（江邨），竹垞先生朱彝尊（一六二九——一七〇九）倍其直而有之。朱彝尊寓居慧慶僧房，毛扆（字斧季）、王受桓據朱彝尊藏張氏抄本又各抄一本。康熙三十三年（一六九四），曹寅借朱彝尊藏張氏抄本刊刻。朱彝尊死後，張氏抄本又歸馬寒中。康熙戊戌（一七一八）仲秋，何小山拿著馬寒中所藏張氏抄本與曹寅刻本粗校，可惜書不甚良，錯亂誤謬處不少，張伯起也没能勘正。如今張氏抄本、毛扆抄本、王受桓抄本均未能流傳，只有曹楝亭刻本、吴西齋抄本以及四庫本得以流傳。

曹寅楝亭十二種本（簡稱：曹刻本）

八卷。半葉十一行，行二十一字。白口。宋體。書末尾鈐有『楝亭藏本丙戌九月重刻于揚州使院』印，可知此本刻于康熙四十五年（一七〇六）。曹寅和朱彝尊交往甚密，①曹寅刻《全唐詩》時曾邀請朱彝尊前往揚州詩局指導刻書工作，曾從朱彝尊曝書亭藏書處抄録過大量珍貴典籍，李文藻《琉璃廠書肆記》云：『楝亭掌織造、鹽政十餘年，竭力以事鉛槧。又交於朱竹垞，曝書亭之書，楝亭皆鈔有副本。』②所以，《法書考》刊本可以確定是據朱彝尊藏张伯起抄本刊行的，而不是借毛斧季、王受桓抄本刊刻的。

吴西齋手抄本（簡稱：吴抄本）

吴暻，號西齋，吴梅村之子。八卷。半葉高二十一公分，寬十四公分，十一行。書首頁有『北京圖書館』、『海鹽張元濟經印』、『董館藏』四枚藏印，最下角有『西齋居士』印，當爲吴暻手抄。吴暻未説明抄本的來源，據筆者推測有可能抄自毛扆手抄本。毛扆是毛晋之子，有汲古閣藏書閣。據吴暻《西齋集》卷四中有《題汲古閣四首》，其四云：『秘閣文淵劫火賒，緑囊

---

① 崔曉新：曹寅與朱彝尊交遊續考［J］．曹雪芹研究，二〇二〇（〇三），第一七—二五頁。

② 葉德輝：書林清話［M］．北京：華文出版社，二〇一二年，第二五三頁。

觸手重咨嗟。西齋妙本唐朝物，誰記王孫是我家。』現存文獻中，并未發現吴曝與曹溶、高士奇、朱彝尊、王受桓、馬寒中、張伯起等人有交遊。故而，筆者推測，吴曝此本應該是抄自毛扆本。通過校勘，吴抄本和曹刻本在文本上差異很大。據何小山稱，最初張伯起抄本錯亂誤謬處不少，而今吴抄本并無錯簡之處，可能是毛扆或吴曝進行過校勘和補正。但吴抄本也有不少抄誤，如《法書考》卷一《集評》劉德昇條云：『張云：「行書妙品。」』吴抄本『行書』作『行草』，按張懷瓘《古賢能書録》劉德昇『行書妙品』。諸如此類，尚有不少。

四庫館臣抄本（簡稱：四庫本）

八卷。半葉八行，滿行二十一字。其首有四庫館臣所作《法書考提要》，説明《法書考》成書情況。據提要可知，四庫本抄於乾隆四十六年（一七八一）十一月。《四庫全書總目》卷一百十二子部二十二載：『《法書考》，八卷。浙江巡撫採進本。』與曹刻本對校之後，發現異文不多，曹刻本脱漏、錯簡之處也與四庫本相吻合，可知，四庫本應該是據曹刻本所抄録。但是，其中也有一些錯誤，如四庫本《法書考》卷一《集評》中品張翼條云：『張翼，君祖，善隸、草。《書史會要》云：「穆帝令翼寫王羲之手表，帝自批其後，羲之殆不能辨真贋，久乃悟云：「小子幾欲亂真。」」』《書史會要》後所載内容曹刻本、吴抄本均無。按《書史會要》成書于明代洪武九年（一三七六），在盛熙明《法書考》之後，盛氏不可能引此書，推測《書史會要》以下文字當是注文，而四庫館臣未加辨别，誤將注文抄成正文。

傅增湘校本（簡稱：傅校本）

現存《法書考》僅有曹刻本、吴抄本、四庫本三種，但是傅增湘曾以曹刻本爲底本，以吴抄本爲校本，對文字異同處進行校對。其校勘記云：

開卷首葉《書譜》小引『傳於後者』句下即脱『皆可歷數，至於謬當虚名，庸亦有之，其餘泯滅無聞者』凡二十一字。其評論上、中、下三品，吴本横排爲表式三格，刊本改爲直行順下，諸人評論吴本作小字注人名下，刊本改爲大字别行，次序偶有凌亂脱誤，尤難悉舉。卷一勘畢，已改訂三百餘字，欣喜過望，因欲奮筆終篇，及校至卷二以下，則荆棘横生，榛芜滿目，正訛補逸，腕脱不休，卒至閣筆輟校而後已，然後嘆刊是書者，其鹵莽滅裂，殆非意想所及。讀者舍取吴本重抄，固别無捄正之良策也。兹舉其錯簡、脱文、删節三端，粗述於左，其小小差違，不暇及焉。卷七《宗學》章姜堯章説『追蹤鍾、王』句下錯簡。又孫過庭説『但求平正』句下錯簡。又《臨摹》章姜堯章説『易於成就』句下錯簡。卷八《印章》類軍曲侯丞章注引《懶真録》『今印文榜額有之』句下錯簡。又《押署跋尾》類『當時鑒識藝人押署跋尾』句下錯簡。又印法類『别爲一體，摹印屈曲』句下錯簡。卷二《十體書斷》小篆下八分、隸書、章草、行書、飛白、草書凡六類皆脱失，僅存草書後姜堯章説二十行。卷二删節者兩條，卷三删節者八條，卷四删節者二十二條，卷五删節者六條，卷六删節者五條。辛未六月朔日晨起坐水廊校畢記，江安傅增湘。

傅增湘從張元濟處借得吴抄本，以硃筆在曹刻本上進行校訂，據卷一末校勘記所載『辛未（一九三一）二月二十九日自清水院探杏回書潛記』，卷八末在『二月三十日夜校畢』可知，一九三一年二月二十九日至三十日，傅增湘用兩天將其校畢。據其校勘内容來看，他校勘了書中錯簡、脱文、删節以及文字異同，對本書校勘大有裨益。

綜上所述，《法書考》流傳過程中，出現了很多版本，但是目前僅有三個版本流傳於世，爲更加清晰地理清版本之源流，現作圖以示：

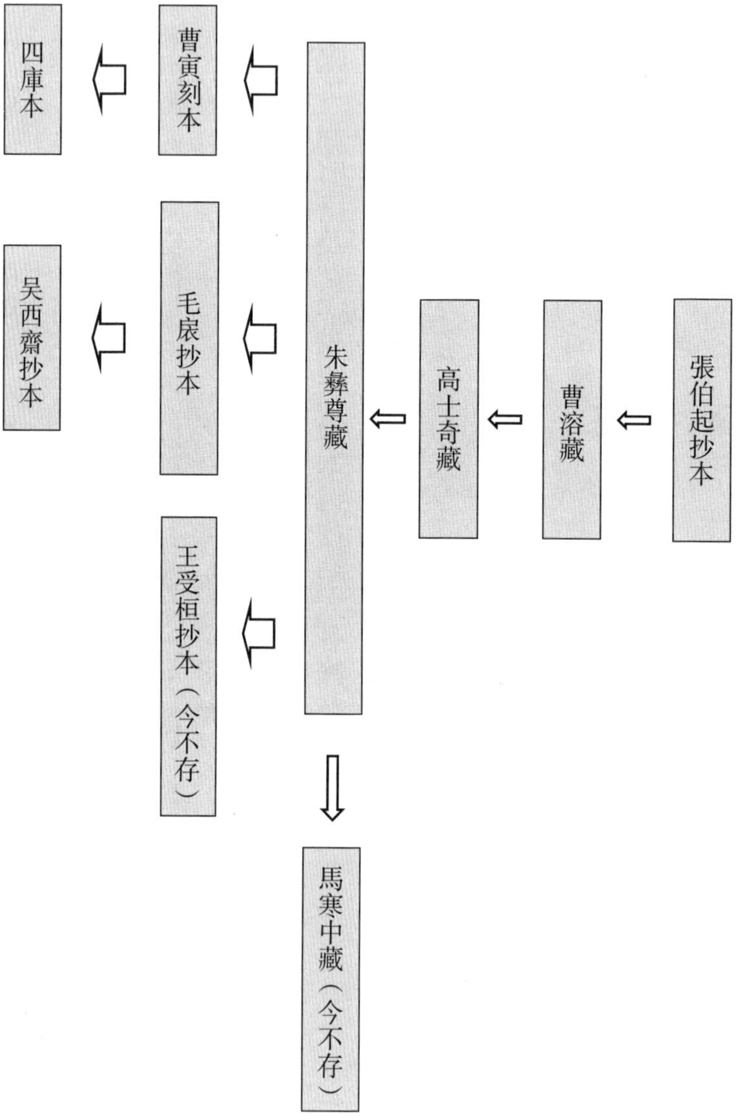
張伯起抄本
曹溶藏
高士奇藏
朱彝尊藏
曹寅刻本
四庫本
毛扆抄本
吴西齋抄本
王受桓抄本（今不存）
馬寒中藏（今不存）

《法書考》在曹溶藏本之前的流傳情況，文獻殘缺，已不得而知。從現藏吴抄本和曹刻本比對來看，吴抄本比曹刻本較爲完整。但吴抄本是據毛扆抄本所抄，而毛扆又據朱彝尊藏張伯起抄本所抄，曹刻本是直接據朱彝尊藏本所刻，相比之下，曹刻本比吴抄本更早。傅增湘曾以曹刻本爲底本，以吴抄本爲校本進行過校勘，指出曹刻本的不少問題，但未定是非。故今以曹刻本爲底本，以吴抄本爲校本，參考傅校本（傅校一併移入本書）。此外，四庫本是據曹刻本所出，但經過四庫館臣的增補改定，也有不少可取之處。故而，四庫本也作爲參校本之一。

（二）《圖畫考》的版本及其流傳

《圖畫考》在後世流傳并不广泛，没有刻本，目前可見的只有兩個抄本傳世，一是舊抄本，二是鐵琴銅劍樓抄本。

舊抄本

七卷。半葉九行，行二十餘字，無格。書頁首右下角和書末左下角均有『鐵琴銅劍樓』、『北京圖書館藏』兩枚印章。可知，其先爲瞿氏鐵琴銅劍樓所藏，後歸北京圖書館藏，今藏於國家圖書館（善本書號：〇三四九二）。又據《鐵琴銅劍樓藏書題跋集録》載：『《圖畫考》七卷，舊抄本。』不知何時何人所抄，國家圖書館認爲其爲明抄本，今暫定其爲舊抄本。該本字迹潦草，錯字、漏字百出，幾乎行行有錯，校勘價值并不高。

鐵琴銅劍樓抄本

七卷。半葉九行，行十八字，無格。爲清代瞿氏所抄，後《四部叢刊》三編又據此本影印刊行，遂漸流傳開來。與舊抄本相比，此本雖後出，但篇幅更爲完整，文字更爲準確，字迹更爲清晰。推測瞿氏要麽依據了一個比舊抄本更優的底本所抄，要麽依舊抄本進行過精心校對，在文字上，鐵琴銅劍樓抄本比舊抄本更優。今以鐵琴銅劍樓抄本爲底本，舊抄本爲校本進行校勘。

《法書考》是盛熙明創作的書法理論著作，《圖畫考》是其繪畫理論著作，《法書考》在前，《圖畫考》在後，兩本書的體例、風格有很大的相似之處。且二書均爲人間秘笈，久付沉淪，故今將二本合刊點校。

凡　例

一、此次校勘，《法書考》以楝亭十二種刻本（簡稱：曹刻本）爲底本，以吴西齋抄本（簡稱：吴抄本）爲校本，四庫本爲參校本。《圖畫考》以鐵琴銅劍樓抄本爲底本，以舊抄本爲校本。

二、一般無版本依據者，不改底本。

三、底本不誤，文義相似的，不出校，如底本爲『變遷』，校本爲『遷變』者，不出校記。

四、底本中出現的常見錯字、俗體字、别字、異體字、避諱字徑改，不出校記，如并（并、竝），沉（沈）等字。

五、書中注釋一些生僻典故，難解字詞以及部分不常見之人名、書名，藉省讀者翻檢之勞，另外，鑒於《法書考》、《圖畫考》多抄録歷代書畫理論著作而成，爲便於讀者閲讀，注釋也指明其出處。

法書考

法書考序

伏羲始畫八卦而人文生焉〔一〕，六書之象形，此其端也。中古簡牘之事，則史氏掌之。後世有天下者，蓋有以書名世者矣。曲鮮盛熙明，得備宿衛〔二〕，有以知皇上之天縱多能，留心書學，手輯書史之舊聞，參以國朝之成法，作《法書考》八卷上之，燕門之暇〔三〕，多有取焉。昔唐柳公權嘗進言於其君曰：『心正則筆正。』天下後世謂之『筆諫』〔四〕。勖哉熙明！無俾公權專美前世〔五〕。史臣虞集序〔六〕。

校注

〔一〕『人文生焉』四庫本作『文字興焉』。

〔二〕宿衛：值宿宫禁，擔任警衛。

〔三〕『燕門之暇』語義不通，『燕門』疑爲『燕閒』之誤。燕閒：安寧閒暇。按曾鞏《中書舍人除翰林學士制》：『今宇内嘉靖，朝廷燕閒。』

〔四〕《舊唐書》卷一六五《柳公綽傳》附弟柳公權傳：『穆宗政僻，嘗問公權筆何盡善，對曰：「用筆在心，心正則筆正。」上改容，知其筆諫也。』

〔五〕『無俾公權』原作『□俾□□』。無俾：不使，《詩·大雅·民勞》：『式遏寇虐，無俾民憂。』今據四庫本補。

〔六〕虞集：字伯生，號邵庵。臨川崇仁人。宋亡仕元，成宗大德初，授大都路儒學教授，歷國子助教、博士。仁宗時，遷集賢修撰，議學校事，除翰林待制。文宗即位，累除奎章閣侍書學士，領修《經世大典》，亦在此時，與盛熙明有交遊。曹刻本虞集序在前，歐陽玄序在其次，揭傒斯序最後。四庫本歐陽玄序在前，揭傒斯序其次，虞集序（原序）最後。吴抄本未載上述三人序。按朱彝尊《曝書亭記》卷四十三載盛熙明《法書考》跋云：『《法書考》八卷，元盛熙明撰，虞、揭、歐陽三鉅公序之。』據朱氏所云，似虞序在前，揭序其次，歐陽序又次之。

小學廢，書學幾絶，聲音之學尤泯如也〔一〕。周秦而下，體製迭盛；西晋以來，華、梵兼隆〔二〕。唐人以書取士，宋人臨搨價踰千金，刻之秘閣，法書興矣。然而循流遺源〔三〕，士有憾焉。此龜茲盛熙明《法書考》之所由作歟？熙明刻意工書而能研究宗源作爲是書。至於運筆之妙，評書之精，則甘苦疾徐之度，非老於斲輪者疇克如是耶〔四〕？書成，近臣薦達，以徹上覽。清問再三，又能悉所學以對，因獲賞歎，給事中兼起居注亦思剌瓦性吉時中出資鋟梓，以廣其傳〔五〕。庶俾世之學者有所模楷，其用心可謂公且仁矣。熙明以書入官，令爲夏官屬〔六〕，蓋亦不忘其本者云。翰林學士資善大夫知制誥同修國史廬陵歐陽玄序。

校注

〔一〕『聲音之學』中『學』四庫本作『道』。

〔二〕華：華文，即漢語。梵：梵文，一種古印度文字，隨佛教傳入中國。

〔三〕『遺』四庫本作『道』，『遺源』語義不通，『導源』爲是，『遺』當爲『導』之形誤。

〔四〕斲輪者：此處用《莊子·天道》中輪扁斫輪的典故，後常以斲輪者比喻經驗豐富或技藝精湛的人。疇克：疇，耕田也，疇克引申義爲勤勞、辛勤。李綱《御書草聖千文贊》：『疇克工之，心悟筆到。』

〔五〕『出』後原脱『資鋟梓，以廣其傳』七字，今據四庫本補。『出資鋟梓』意爲出資刻板印刷。

〔六〕『令』四庫本作『今』。

法書肇伏羲氏，愈變而愈降，遂與世道相隆汚〔一〕。能考之古猶難，況復之乎？至順二年，盛君熙明作《法書考》，藁未竟，已有言之文皇帝者〔二〕。有旨趣上進，以修《皇朝經世大典》〔三〕，事嚴，未及録上而文皇帝崩〔四〕。四年四月五日，今上在延春閣，遂因奎章承制學士沙剌班以書進。上方留神法書〔五〕，覽之徹卷，親問八法旨要，命藏之禁中，以備親覽。當是時，上新入自嶺南，聖心所向，已傳播中外。及即位，開經筵，下崇儒之詔，天下顒顒然翹首跂足〔六〕，思見聖人之治。法書之復，其在茲乎？然天下之期復于古者不止法書也，而于是乎觀也，則盛氏之書其復古之兆乎？惟盛氏之先曲鮮人，今家豫章。而熙明清修謹飭，篤學多才〔七〕，有文章，工書，能通諸國書而未嘗自賢，或爲一時名公卿所知。是書之作，虞奎章既爲之序〔八〕，余特著其進書始末如此。元統二年十月望，文林郎藝文監丞參檢書籍事揭傒斯序。

校注

〔一〕『隆汚』原作『隆汗』，今據四庫本改。《禮記·檀弓上》：『道隆則從而隆，道汚則從而汚。』比喻世道盛衰或政治興替，『汗』爲『汙』之形誤。

〔二〕『已』原作『巳』，形誤，徑改。下同，不再出校。

〔三〕『修』四庫本作『備』。按《皇朝經世大典》文宗至順元年（一三三〇）由奎章閣學士負責編纂，趙世延是總負責人，虞集輔之，次年五月修成。

〔四〕四庫本脱『而文皇帝崩』五字。至顺三年（一三三二）八月己酉，文宗圖帖睦爾崩，與前文至順二年盛氏作《法書考》相吻合。

〔五〕『法書』四庫本作『書法』。

〔六〕顒顒然：仰慕的樣子。

〔七〕『材』原作『村』，形誤，今據四庫本改。

〔八〕虞奎章指虞集，曾爲奎章閣侍書學士，故有此稱。據此可知，揭傒斯序在虞集序之後。

目録

中品

法書考卷之二　字源

法書考卷之三　筆法

法書考卷之四　圖訣

法書考卷之一　書　譜

夫學書之要，在於師古，然去古既遠，名迹紛雜〔一〕，不可不詳擇也。嘗考歷代之善書者多矣，其聲譽著於時，書翰傳於後者，皆可歷數。至於謬當虚名，庸亦有之，其餘泯没無聞者〔二〕，固已何限。况乎好利售奇，傳拓亂真，自非精鑒，鮮能去取也。故首著《書譜》，纂集諸家之評論，研究書刻之精粗，以備采摭云。

校　注

〔一〕『雜』四庫本作『如』。

〔二〕自『皆可歷數』至『泯没無聞者』原脱，今據吴抄本、四庫本補。

集　評

國家以神武定天下，世祖皇帝大興文治，至於仁廟典章具備〔一〕，自是列聖萬幾之暇，多能俯事于藝文。欽惟皇上生知之聖〔二〕，日新之功，非臣管見所能測焉。我朝能書之士，常不乏人。然世俗率多貴耳賤目，罕能定其優劣，千載之下，必自有能辨之者〔三〕。今集倉頡以降，自秦迄唐，凡若干人，會萃諸家之評論，略成上、中、下三品焉。張懷瓘云：『先其天性，後其習學，且以風神骨氣居上〔四〕，妍美功用者居下。』

校注

〔一〕『具』四庫本作『俱』。
〔二〕生知：生而知之，不待學而知之。《論語·季氏》：『生而知之者上也。』
〔三〕『必自有能辨之者』吳抄本作『自有辨者』。
〔四〕『居』吳抄本作『爲』。

上品

倉頡

張懷瓘云：『古文神品。』〔一〕

校注

〔一〕《書苑菁華》卷七載張懷瓘《古賢能書録》神品二十五人，其中古文一人，爲史籀而非倉頡。

史籀

張懷瓘云：『古文妙品。』〔一〕

校注

〔一〕按張懷瓘《古賢能書録》妙品九十八人，古文四人爲杜林、衛宏、邯鄲淳、衛恒，没有史籀。

李斯

字通古，上蔡人。張云〔二〕：『小篆神品，大篆妙品。』李嗣真云：『逸品〔三〕，小篆之精，古今絶妙。《秦望山》及《皇帝璽》，猶千鈞强弩，萬石洪鐘〔三〕，豈徒學者宗匠，亦是傳國遺寶。』唐人評云〔四〕：『骨氣豐匀，方圓妙絶。』

校注

〔一〕『張云』指張懷瓘云，下同。
〔二〕吴抄本脱『逸品』二字。
〔三〕『石』原作『古』，李嗣真《書後品》：『右李斯……萬石洪鐘。』今據吴抄本改。
〔四〕陳思《書苑精華》收録《唐人書評》十八條，此處『唐人評』指《唐人書評》，全書『唐人評』亦有指《唐遺名子吕總續書評》者，具體視前後文而定。

趙高

張云：『大篆妙品。』

程邈

李云〔一〕：『隸上上品〔二〕，首創模範，焕於丹青。』

校注

〔一〕『李云』指李嗣真云，下同。

〔二〕『隸』吴抄本作『篆』，按李嗣真《書後品》：『上上品二人，程邈隸，崔瑗小篆。』據此，『隸』字爲是。

王次仲

始作楷法〔一〕，詳見《字源》。

校注

〔一〕衛恒《四體書勢》序曰：『上谷王次仲，善隸書，始爲楷法。靈帝好書，世多能者，而師宜官爲最。』

陳遵

孟公，漢人，善隸書，與人尺牘，主皆藏之以爲榮〔一〕。

校注

〔一〕原本無『主』字，《書苑菁華》卷六：『漢陳遵……主皆藏之以爲榮。』今據吴抄本補。

史游

漢黄門令史，創章草。〔一〕

校注

〔一〕張懷瓘《十體書斷》：『案章草者，漢黄門令史游所作也。』

杜操

漢相〔一〕。或云：『始變藁法。』

校注

〔一〕諸本皆作『漢相』，查漢史，漢代宰相中未有杜操，據張懷瓘《十體書斷》引蕭子良云：『章草者，漢齊相杜操始變稿法，非也。』杜操當爲漢朝齊國相，非漢相，疑原作『漢』後脱『齊』字。

劉穆

後漢北海敬王，善草書，書體甚濃，結字工巧，張芝學焉。〔一〕

校注

〔一〕張懷瓘《十體書斷》引韋誕云：『杜氏（杜度）傑有骨力而字畫微瘦，惟劉氏之法，書體甚濃，結字工巧，時有不及，張芝喜而學焉。』

杜度

伯度。韋誕云：『傑有骨力而字畫微瘦〔一〕。』庾肩吾云：『上中品。』張云：『章草神品。』章帝使草書上事。〔二〕

校注

〔一〕『而』後吴抄本有『結字小疏』四字。

〔二〕張懷瓘《十體書斷》：『至建初中，杜度善草，見稱於章帝，上貴其迹，詔使草書上事。』

劉德昇

君嗣。始造行書。庾云：『中上品。』王僧虔云：『鍾、胡所師。』張云：『行書妙品〔一〕。』

校注

〔一〕『書』吴抄本作『草』，張懷瓘《古賢能書録》載劉德昇『行書妙品』。

崔瑗

子玉。庾云〔一〕：『擅名北中〔二〕，迹罕南渡。世有得其摹者〔三〕，王子敬見之稱美，以爲功類伯英〔四〕，上中品。』張云：『章草第一，神品。小篆妙品。』李云：『上上品，篆效李斯，點畫皆如鐵石。』王云：『筆勢甚快而結字小疎。』袁昂云〔五〕：『如危峰阻日，孤松一枝，有絶望之意。』

校注

〔一〕『庾云』指『庾肩吾云』，下同。

〔二〕『北』原作『此』，形誤，今據吴抄本、四庫本改。北中：北地，北方。
〔三〕四庫本『摹』後有『本』字，疑原脱『本』字。
〔四〕『功』原作『切』，四庫本作『絶』，吴抄本作『王子敬見之稱以爲美，功類伯英』。按庾肩吾《書品》：『王子敬見而稱美，以爲功類伯英。』可知『切』爲『功』之形誤，今改。王子敬：王獻之，字子敬。伯英：張芝，字伯英。
〔五〕張彦遠《法書要録》、陳思《書苑菁華》録袁昂《古今書評》，下文之『袁云』皆指『袁昂云』。

崔　實

瑗之子。

曹　喜

扶風人。衛恒曰：『篆法少異於李斯，而亦稱善。』〔一〕袁云：『如經綸道士，言不可絶〔二〕。』張云：『小篆、隸俱妙品。』嘗見李斯筆法，悲嘆不已，作《筆論》一卷。〔三〕

校注

〔一〕《書苑菁華》卷三《晋衛恒著四體書傳并書勢》：『扶風曹喜善篆，少異于斯，而亦稱善。』盛氏當摘引自此，後文『衛云』皆指『衛恒云』。

〔二〕『綸』吴抄本、四庫本作『論』。『不』原作『下』，按袁昂《古今書評》：『曹喜書如經綸道人，言不可絶。』可知『下』爲『不』之形誤，今據吴抄本、四庫本改。

〔三〕《書苑菁華》卷十八《王羲之筆勢傳》：『今之名山及印璽，皆斯之筆勢也。至曹喜見之，悲嘆不已。亦作《筆論》一卷。』『嘗見』後當引自於此。

邯鄲淳

衛恒曰：『得次仲法〔一〕，善隸書小字〔二〕，師曹喜篆，韋誕師淳不及也。』袁曰：『應規入矩，方圓乃成。』張云：『古文、大小篆、分、隸書俱妙品〔三〕。』

校注

〔一〕次仲：王仲，字次仲，東漢書法家，始作楷法。

〔二〕『字』吴抄本作『書』。

〔三〕『古文、大小篆、分、隸書俱妙品』原作『大小篆、字隸俱妙品』。按張懷瓘《古賢能書録》邯鄲淳古文、大篆、小篆、八分、隸書俱妙品，今據吴抄本改。

師宜官

衛云：『善隸書，靈帝時爲最，大則一字徑丈，小則方寸千言。或時不持錢往酒家飲，因書其壁，顧觀者以讐酒錢〔一〕，足而滅之，每書輒削而焚其柎〔二〕。梁鵠乃益爲版而飲之酒〔三〕，候其醉而竊其柎。』庾云：『鴻都爲最〔四〕，能大能小，上中品。』王云：『致酒簡多。』梁武云：『如鵬羽未息〔五〕，舉翮而自逝。』張云：『八分妙品。』

校注

〔一〕『顧』四庫本作『願』，吴抄本作『雇』。『讐』吴抄本作『酬』。

〔二〕『每書輒削而焚其柎』吴抄本作『每書輒削其柎而焚之』，『柎』原作『拊』，形誤，柎指記賬的字板。今據吴抄本改。

〔三〕『鵠』吴抄本作『鴻』。梁鴻：漢光武建武初年至和帝永元末年間在世，高潔之士。梁鵠，東漢末人，善書，又據《書苑菁華》卷三《晋衛恒著四體書傳并書勢》：『梁鵠乃益爲拊而飲之酒。』此當作『鵠』。

〔四〕鴻都：東漢靈帝好書法，光和元年在鴻都門開設學校，專習辭賦書畫者，授予官職，參與者數百人，師宜官的書法在鴻門學中爲最。

〔五〕『息』原作『意』，按梁武帝《評書》：『師宜官書如鵬翔未息，翩翩而自逝。』今據吴抄本、四庫本改。

衛　弘

張云：『古文妙品。』

蔡　邕

伯喈，篆采斯、喜之法，爲古今雜形〔一〕，然精密簡理不如淳也〔二〕。張云：『八分、飛白俱神品。大小篆、隸妙品。』李云：『上中品，惟《范巨卿碑》，風神艷麗，古今冠絶。』梁武帝云：『骨氣洞達〔三〕，爽爽如有神力。』

校　注

〔一〕『雜』原作『椎』，語義不通，四庫本作『備』。按《晉衛恒著四體書傳并書勢》：『漢末又有蔡邕，采斯、喜之法，爲古今雜形，然精密閑理不如淳也。』可知『椎』爲『雜』之形誤，今據吴抄本改。斯：李斯。喜：曹喜。

〔二〕淳：邯鄲淳。

〔三〕原脱『骨氣』二字，按梁武帝《評書》：『蔡邕書骨氣洞達，爽爽如有神力。』今據吴抄本補。

張芝

伯英，少好筆札〔一〕，臨池學書，池水盡墨〔二〕。自謂上比崔、杜不足，下方羅、趙有餘。見蔡邕《筆勢論》，遂作《筆心論》五篇。衛云：『弘農張伯英，下筆必爲楷則，號匆匆不暇草書。寸紙不見遺，至今寶其書。』張云：『草第一，章草第二，行第三〔三〕，俱神品，隸妙品。』庾云：『衣帛先書，稱爲「草聖」。工夫第一，上上品。』李云：『逸品。章草似春虹飲澗，洛浦浮霞，渥霧沾濡，繁霜摇落。』梁武帝云：『如漢武愛道〔四〕，憑虚欲仙。』

校注

〔一〕四庫本『少』後有『學』字。

〔二〕『墨』原作『黑』，按《書苑菁華》卷十一録王羲之《論書》：『張精熟過人，臨池學書，池水盡墨。』今據吴抄本改。

〔三〕『行』吴抄本作『行草』。按張懷瓘《書議》中所載，張芝草書第一，章草第二，行書第四，疑盛氏誤將『四』作『三』。

〔四〕『愛』原作『受』，按梁武帝《評書》：『張芝書如漢武愛道，馮虚欲仙。』可知『受』爲『愛』之形誤，今據吴抄本改。

張昶

文舒。芝之弟。庾云：『上中品。』張云〔一〕：『八分、章草妙品，隸能品。』李云：『上中品〔二〕。《西嶽碑文》，但覺妍冶，殊無骨氣。』

校注

〔一〕『云』原作『之』，語義不通，據全書『張云』代指『張懷瓘云』。可知，『之』爲『云』之形誤，今據吴抄本改。

〔二〕諸本皆作『上中品』。李嗣真《書後品》：『中上品七人。張昶……右文舒《西嶽碑》，但覺妍冶，殊無骨氣。』盛氏誤將『中上』作『上中』。

胡昭

孔明。庾云：『動見模楷，上下品。』張云：『隸、行妙品，篆能品〔一〕。』

校注

〔一〕諸本皆作『篆能品』。張懷瓘《古賢能書録》能品大篆五人，小篆十二人，胡昭係於能品大篆之下，疑『篆』前脱『大』字。

韋誕

仲將，京兆人。庾云：『不妄染毫，須張筆左紙。上下品。』張云：『草第六，八分、隸、章草、飛白妙品，小篆能品。』梁武云：『如龍威虎振〔一〕，劍拔弩張。』王云：『善楷，時謂之「筆聖」。』魏凌雲殿榜未題而匠者誤釘之〔二〕，不可下，乃使仲將懸凳書之〔三〕，比訖，鬚鬢盡白〔四〕，誡子孫宜絶此藝。』

校注

〔一〕『振』吴抄本作『步』，按梁武帝《評書》：『韋誕書如龍威虎振。』

〔二〕『誤』原作『詳』，按語意當作『誤』，今據吴抄本、四庫本改。

〔三〕『凳』原作『橙』，按語意當爲『懸凳』，今據四庫本改。

〔四〕『鬚』吴抄本作『須』。

鍾繇

元常，許昌人。師胡昭，十六年不窺户，見昭《筆心論》，驚歎無已，作《筆骨論》。又云盜發韋誕冢，得蔡邕筆法，晝夜不輟，卧則以手劃被，被爲之破〔一〕。庾云：『天然第一，妙盡許昌之碑，窮極鄴下之牘，爲上上品。』張云：『真第一〔二〕，行第三，俱神品〔三〕。八分、草妙品。』王云：『謂之盡妙，鍾有三體：一曰銘石書，最妙者也；二曰章程書，教小學者也；三曰行押書，行書是也。三法皆世人所善。』李云：『正體猶郊廟既陳，俎豆斯在〔四〕；又比寒碉闟壑〔五〕，秋山嵳峩。』梁武云：『雲鶴遊天，群鳧戲海〔六〕。行間密茂，實亦難過。』

校注

〔一〕『卧』吴抄本作『睡』，『破』吴抄本作『穿』。

〔二〕《書苑菁華》卷五録張懷瓘《書議》載真書『逸少第一，元常第二』，鍾繇真書應是第二。

〔三〕張懷瓘《古賢能書録》載鍾繇隸書、行書神品。

〔四〕俎豆：俎和豆古代祭祀或宴饗時用來盛祭品的禮器，《論語·衛靈公》：『俎豆之事則嘗聞之矣，軍旅之事未之學也。』

〔五〕『闟壑』四庫本作『峭削』，吴抄本作『闃壑』，《書苑菁華》作『園壑』，《墨池編》作『開豁』，《法書要録》作『闟璺』。

〔六〕『鶴』吴抄本作『鵠』，『晃』四庫本作『鴻』，按梁武帝《評書》：『鍾繇書如雲鵠游天，群鴻戲海，行間茂密，實亦難過。』

鍾會

士季。庾云：『上下品。』張云：『真第五，章草第六，草第七，并行四體俱妙品。』李云：『上中品，小鍾有正書《洛神賦》。』梁武云：『有《十二意》〔一〕，意外巧妙，絶倫多奇。』

校注

〔一〕『二』四庫本作『三』，按梁武帝《評書》：『鍾會書有《十二意》，意外奇妙。』

皇象

休明。庾云：『胡肥鍾瘦，休明斟酌二家，驅駕八絶，上下品。』張云：『章草第八，神品。小篆能品。』袁云：『如歌聲繞梁，琴人捨徽〔一〕。』

校注

〔一〕『捨』吴抄本作『拾』。按《書苑菁華》卷五録袁昂《古今書評》：『皇象書如歌聲繞梁，琴人捨徽。』

梁鵠

伯鸞。以書至選部尚書，魏武懸鵠書著帳中翫之，以爲勝〔一〕。庾云：『上下品。』張云：『八分妙品。』李云：『上中品。』衛云：『隸書用筆，盡其勢矣。』袁云〔二〕：『如太祖忘寢，觀之喪目。』

校注

〔一〕吴抄本『爲』後有『聖』字。按蔡邕《筆勢論》：『鵠卒以書至選部尚書……魏武帝懸著帳中，及以釘壁玩之，以爲勝宜官。』『勝』後疑脱『宜官』二字。

〔二〕『袁云』吴抄本作『武帝云』，按袁昂《古今書評》：『梁鵠書如太祖忘寢，觀之喪目。』『袁云』爲是。

衛瓘

伯玉。幼爲魏尚書郎〔一〕，與索靖俱善書，時謂一臺二妙〔二〕。庾云：『上下品。』張云：

『行第五，并小篆、隸、草俱妙品〔三〕。古文、大篆能品〔四〕。章第四，神品。』王云：『衛覬子也，爲晉司空。採張芝草法，取父書參之，更爲草稿。子巨山，亦善書。』故云：『伯玉得筋，巨山得骨。』

校注

〔一〕『郎』原作『即』，形誤，今據吴抄本、四庫本改。

〔二〕『時』原作『特』，形誤，今據吴抄本、四庫本改。

〔三〕『草』吴抄本作『書』。

〔四〕張懷瓘《古賢能書録》能品古文四人，有衛瓘，但大篆五人中，無衛瓘，『大篆能品』疑誤。

索靖

幼安。庾云：『上下品〔一〕。』衛瓘有楷書〔二〕，然遠不及靖。又云：『靖得伯英肉，嘗作《草書狀》。』張云：『章草第三，神品。八分、草妙品〔三〕。』李云：『上中品，趣向遒竦〔四〕，無愧珪璋。』梁武云：『如飄風忽舉，鷙鳥乍飛〔五〕。』王云：『靖，張芝姊之孫也〔六〕，傳芝草而形異〔七〕，其字勢曰「銀鈎蠆尾」〔八〕。』

校注

〔一〕『上下品』原作『上上品』，按庾肩吾《書品》載索靖上下品，今據吴抄本改。

〔二〕吴抄本『衛』後有『云』字，『書』吴抄本作『法』。按《晋衛恒著四體書傳并書勢》未有此言，故此不作『衛云』。

〔三〕吴抄本『分』後有『并』字。

〔四〕吴抄本無『李云上中品』五字。『竦』原作『踈』，吴抄本作『勁』，按李嗣真《書後品》：『觀其趣況，大爲遒竦，無愧珪璋。』今據四庫本改。

〔五〕『如飄風忽舉，鷙鳥乍飛』原作『如王謝家子弟，縱復不端正，奕奕皆有一種風流氣骨』。按梁武帝《評書》：『索靖書如飄風忽舉，鷙鳥乍飛。王僧虔書如王謝家子弟，縱復不端正，奕奕皆有一種風流氣骨。』據此，原作『梁武云』所評乃是王僧虔而非索靖，疑盛氏誤引，今據吴抄本改。

〔六〕原『張芝』前無『靖』字，今據吴抄本補。

〔七〕吴抄本『芝』前有『張』字。

〔八〕吴抄本『字』後有『晝之』二字，按王僧虔《論書》：『索靖字幼安，敦煌人，散騎常侍張芝姊之孫也。傳芝草而形異，甚矜其書，名其字勢曰「銀鉤蠆尾」。』蠆：指蠍子一類的毒蟲。

張華

張云：『章草妙品。』

嵇康

叔夜。張云：『草第二，妙品。叔夜身長七尺六寸，美音聲〔一〕，偉容色，雖土木形體而龍章鳳姿，天質自然，加以孝友温恭，嘗草書《絶交書》一紙〔二〕。』唐評：『如抱琴半醉，詠物緩行，又若孤鶴歸林，群鳥乍散。』

校注

〔一〕『音聲』四庫本、吴抄本作『聲音』，按張懷瓘《書議》：『嵇叔夜身長七尺六寸，美音聲，偉容色。』

〔二〕『嘗』吴抄本作『常』。

謝安

安石。庾云：『上品〔一〕。』張云：『行第九，隸草妙品。』李云：『上中品〔二〕，縱任自然，螭盤虎踞〔三〕。』王云：『亦能入流，殊亦自重。嘗爲子敬書嵇中散詩〔四〕，得子敬書〔五〕，有時裂作紙校。』

校注

〔一〕按庾肩吾《書品》分上上、上中、上下、中上、中中、中下、下上、下中、下下，九品論書，庾肩吾《書品》評謝安爲中上品，『上』前疑脱『中』字。

〔二〕李嗣真《書後品》評謝安爲中中品，『上』疑爲『中』之訛誤。

〔三〕『虎』原作『龍』，按李嗣真《書後品》：『右謝公縱任自在，有螭盤虎踞之勢。』螭：古代傳説中一種没有角的龍。盤：纏繞。踞：蹲，故此當作『虎』，今據四庫本、吴抄本改。

〔四〕『嘗』吴抄本作『常』。

〔五〕『子敬』吴抄本作『子猷』。按王僧虔《論書》：『謝安亦入能流，殊亦自重，乃爲子敬書嵇中散詩。得子敬書，有時裂作校紙。』『子敬』爲是。

衛夫人

茂猗〔一〕。庾云：『中上品。』張云：『隸妙品。』李云：『上下品。』唐評：『如插花美女，低昂有容。又如美女登臺〔二〕，仙娥弄影〔三〕，紅蓮映水，碧落浮霞。』

校注

〔一〕『猗』四庫本作『漪』。

〔二〕『又』原作『有』，按《唐人書評》：『衛夫人書如插花舞女，低昂美容。又如美女登臺，仙娥弄影；紅蓮映水，碧沼浮霞。』此疑音近而誤，今改。

〔三〕『娥』原作『戲』，按上所引，當作『娥』，今據吴抄本、四庫本改。

王 廙

世將。庾云：『中中品。』張云：『真第三，草第五，俱能品。飛白妙品。』李云：『上下品。』王云：『王南平是右軍叔〔一〕，自過江來，右軍之前，惟廙爲最，畫爲晋明帝師，書爲右軍法。』

校 注

〔一〕吴抄本脱『南平』二字。永昌元年（三二二），王敦任王廙爲平南將軍、荆州刺史，故有『王平南』之稱。

王羲之

逸少，曠之子，瑯琊臨沂人。幼學書，及年十三〔一〕，見前代筆論於父枕中，竊而讀之〔二〕。

學功日進，衛夫人一見，語太常王策曰〔三〕：『此子必見用筆訣也，必蔽吾書名。』晉成帝祀北郊，更祝版〔四〕，工人削之，羲之墨入木七分。初學衛夫人書，過江見古碑，歎學衛夫人徒費年月〔五〕。張云：『筆迹遒潤，獨擅一家之美，天質自然，風神蓋代。且其道微而味薄，固常人莫之能學。其理隱而意深，固天下寡于知音。真第一，行第二〔六〕，章第五，草第八，及飛白俱神品，八分妙品。』庾云：『工夫不及張，天然過之。天然不及鍾，工夫過之。允爲上上品。』李云：『逸品。如陰陽四時，寒暑調暢，巖廊宏敞，簪裾肅穆〔七〕。其聲鳴也，則鏗鏘金石；其芬郁也，則氛氳蘭麝〔八〕；其難徵也，則縹緲而已仙〔九〕；其可觀也，則昭彰而在目。可謂真書之聖也。若草、行雜體，如清風出袖，明月入懷，瑜瑾爛而五色，黼黻摛其五采。故使離朱喪明，子期失聽〔十〕，可謂草之聖也。其飛白猶霧縠卷舒，煙雲照灼〔十一〕，長劍耿介而倚天，勁矢超忽而無地〔十二〕，可謂飛白之仙也〔十三〕。又如松巖點黛，蓊鬱而起朝雲；飛泉漱玉，洒落而成暮雨〔十四〕。既離方以遁圓〔十五〕，亦非絲而異帛。』唐評：『如壯士拔劍，壅水絶流。頭上安點，如高峰之墜石；作一横畫，如千里之陣雲；捺一偃波，如風雷振駭，作一竪畫，如萬歲枯藤；立一倚竿，若虎卧鳳閣；自上揭竿，如龍躍天門。』梁武云：『字勢雄逸，如龍跳天門，虎卧鳳閣。故歷代寶之，永以爲訓。』王云：『古人之迹，計無以過。』

校注

〔一〕諸本皆作『十三』，《書苑菁華》卷十八《王羲之筆試傳》：『王羲之，字逸少，曠子也。七歲善書，及年十一，見前代筆論於父枕中，竊而讀之。』《書苑菁華》明善堂藏抄本作『及年十二』，又韋續《墨藪》引王羲之《筆勢傳》作『十二』，在盛氏之前，王羲之見前代筆論一事是在十二歲還是在十一歲歷來文獻記載不一，但未有『十三歲』之説。疑盛氏本作『及年十一二』而後傳抄成『十三』，又或原作『十二』而後傳抄成『十三』。

〔二〕原作『見前代筆滿于久揚中，窃而説之』，語義不通。四庫本作『見前代筆論於父枕中，竊而説之』，吴抄本作『見前代筆論於父枕中，竊而讀之』。據上文王羲之《筆試傳》，可知吴抄本爲是，今據此改。

〔三〕『策』吴抄本作『筞』，王羲之《筆試傳》作『策』。

〔四〕祝版：祭祀用於書寫祝文的木版或紙板。

〔五〕『年』原作『歲』，按《宣和書譜》卷二十《八分書》：『初，王羲之初學衛夫人書，徒費年月。』今據吴抄本改。

〔六〕張懷瓘《書議》載逸少真書第一，行書第一，此處『行第二』疑盛氏誤引。

〔七〕吴抄本『肅』下脱『穆』字。

〔八〕『氛』吴抄本作『氲』。蘭麝：兩種薰香，後泛指香氣濃郁的東西。

〔九〕『已』吴抄本、四庫本作『若』，按李嗣真《書後品》：『其難徵也，則縹緲而已仙。』

〔十〕離朱：古代傳説中的明目者，《慎子》：『離朱之明，察秋毫之末於百步之外。』子期：鍾子期。伯牙於漢江邊鼓琴，鍾子期正巧遇見，嘆曰：『巍巍乎若高山，洋洋乎若江河。』二人興趣相投，成爲至交。鍾子期死後，伯牙認爲世上已無知音，終生不再鼓琴。

〔十一〕『雲』吴抄本作『霞』。

〔十二〕『無』吴抄本作『墮』，李嗣真《書後品》：『勁矢超忽而無地。』

〔十三〕『仙』吴抄本作『聖』，李嗣真《書後品》：『可謂飛白之仙也。』

〔十四〕『落』原作『洛』，今據吴抄本、四庫本改。

〔十五〕『以』原作『而』，今據四庫本改。

王獻之

子敬，逸少第七子。子敬最知名。七八歲學書，逸少密從後掣其筆不得〔一〕，歎曰〔二〕：『此子當大有名。』嘗書壁爲方丈大字，逸少甚以爲能。初學父書，頃習于張，以後改變制度〔三〕，別創其法。率爾師心，冥合天矩，雄武神蹤，靈姿秀出。若臧武仲之智，卞莊子之勇。大鵬摶風，長鯨噴沫，懸崖墜石，驚電遺光〔四〕。張云：『子敬行草之外，更開一門。非草非真，離方遁圓，兼真者謂之真行，帶草者謂之行草。子敬之法，非草非行，流便于行草之間。逸少秉真行之要，子敬執行草之權。父之靈和，子之神俊〔五〕，古今獨絶也。真第四，行第二，草第三〔六〕，并飛白俱神品，八分能品。』庾云：『上中品。』梁武云：『絶衆超群，無人可擬。如河朔少年，皆充悦〔七〕，舉體沓拖而不可耐。』李云：『子敬草書逸氣過父，如丹穴鳳舞，清泉龍躍，倏忽變化，莫知所成。或蹴海移山，或翻濤簸嶽〔八〕，而正書、行書，如田野學士越參朝列，非不稽古憲章，乃時有失體處。舊説稱其轉妍去鑒〔九〕，疎矣。』

校注

〔一〕吴抄本無『其』字。

〔二〕吴抄本無『歎』字。

〔三〕吴抄本無『以』字。

〔四〕『遺』四庫本作『送』。

〔五〕『俊』吴抄本作『駿』。

〔六〕吴抄本『草第三』前有『章草第一』四字。按張懷瓘《書議》章草子敬第七，吴抄本『章草第一』當誤。

〔七〕原『充』後有『光』字，按梁武帝《評書》：『王子敬书如河朔少年，皆充悦。』『光』當爲衍文，今删。吴抄本『皆』後有『悉』字。

〔八〕『濤』吴抄本作『波』，李嗣真《書後品》論王獻之書云：『或翻濤簸嶽。』

〔九〕『舊』四庫本作『瓘』，『去』四庫本作『品』。張彦遠《法書要録》卷三引李嗣真《書後品》作『去』。

王珉

季琰〔一〕，洽之少子也，名出珣右，時云：『法護非不佳，僧彌難爲兄。』法護，珣小字也。

有四匹素，自朝操筆至暮書竟〔二〕，首尾如一，又無誤字。子敬戲云〔三〕：『弟書如騎騾〔四〕，駸駸恒欲度驊騮前〔五〕。』嘗代獻之兼中書令，故以獻之爲大令，珉爲小令〔六〕。庾云：『中上品。』張云：『行第六，并隸妙品。』王云：『筆力過于子敬。』

校注

〔一〕『季』原作『李』，按《晉書》卷六五《王珉傳》：『珉字季琰。少有才藝，善行書，名出珣右。時人爲之語曰：「法護非不佳，僧彌難爲兄。」僧彌，珉小字也。』今據吴抄本、四庫本改。

〔二〕『暮』原作『莫』，今據吴抄本改。

〔三〕『云』原作『之』，今據吴抄本改。

〔四〕『騾』吴抄本作『驢』，王僧虔《論書》：『亡從祖中書令珉，筆力過於子敬。書《舊品》云：「有四匹素，自朝操筆，至暮便竟，首尾如一，又無誤字。子敬戲云：「弟書如騎騾，駸駸恒欲度驊騮前。」』

〔五〕駸駸：馬跑得很快的樣子。《詩經·小雅·四牡》：『駕彼四駱，載驟駸駸。』驊騮：周穆王八匹駿馬之一，後泛指紅色的駿馬。

〔六〕『嘗』四庫本作『當』，吴抄本『兼中書令，故以』六字脱。

荀輿

長胤。庾云：『上下品。』張云：『隸、草俱妙品。』王云：『長胤《狸骨》，右軍以爲絶倫。』

阮研〔一〕

文機。庾云：『窮古觀今，盡窺衆妙之門，雖師王祖鍾，終成别搆一體，上下品。』張云：『隸、行、草妙品〔二〕。』李云：『中中品〔三〕。』梁武云：『如貴胄失品，不復排斥英賢〔四〕。』

校注

〔一〕『研』吴抄本作『妍』，按《墨藪》、《法書要録》等均作『阮研』。

〔二〕吴抄本『隸』前有『其』字。按張懷瓘《古賢能書録》妙品隸書二十五人中未有阮研，『隸』字疑盛氏誤。

〔三〕李嗣真《書後品》評阮研爲中上品，非中中品，此疑盛氏誤。

〔四〕『復』吴抄本作『能』，梁武帝《評書》：『阮研書如貴胄失品，不復排斥英賢。』

中品

嚴延年

張云：『大篆能品，工籀書。』

許慎

張云：『小篆能品。』

班固

張云：『大、小篆能品。』

羅暉

叔景。庾云：『中下品。』張云：『章草能品。』

趙襲

元嗣。庾云：『中下品。』張云：『章草能品。』

魏武帝

曹操，孟德。庾云：『筆墨雄贍，中中品。』張云：『章草妙品。』唐評〔一〕：『如金花鈿落，徧地玲瓏，荆玉分輝，瑶巖璀璨。』

校注

〔一〕『評』四庫本作『云』，據前文所引之例，當作『唐評』。

吴孫皓

元宗。庾云：『體裁綿密，中中品。』李云：『中下品。如吴人酣暢〔一〕，驕其家室，雖欲矜豪，亦復平矣。』

校注

〔一〕『吴』四庫本作『齊』，『酣暢』吴抄本作『暢酣』。按李嗣真《書後品》：『孫皓，吴人酣暢，驕其家室，雖欲矜豪，亦復平矣。』『如』疑爲衍文。

劉劭〔一〕

張云：『小篆、飛白能品。』

校注

〔一〕『劉劭』原作『劉鈁』，四庫本作『劉釗』。現存書法文獻中并無『劉鈁』、『劉釗』，《三國志》、《書苑菁華》載有『劉劭』，張懷瓘《古賢能書録》能品小篆、飛白有『劉劭』，可知，盛氏所評當是『劉劭』而非『劉鈁』或『劉釗』，『鈁』、『釗』當爲『劭』之形誤，今據此改。

毛弘

張云：『八分能品。』衛恒云：『弘乃梁鵠弟子〔一〕，教於秘書〔二〕。今八分皆弘法也〔三〕。』

校注

〔一〕『弟子』吴抄本作『子弟』。

〔二〕『於』四庫本作『以』。

〔三〕『弘法也』吴抄本作『弘之所立法也』，按《書苑菁華》卷三《晋衛恒著四體書傳并書勢》：『（梁）鵠弟子毛弘教於秘書，今八分皆弘之法也。』

衛覬

伯儒。庾云：『中中品。』張云：『古文、隸、章草能品〔一〕。』王云：『體如傷瘦而筆匠精殺〔二〕。』

校注

〔一〕『章草』原作『草章』，按張懷瓘《古賢能書録》載衛覬古文、隸書、章草能品，今據四庫本改。

〔二〕『筆匠精殺』吴抄本作『筆精殺迹』，四庫本作『筆匠精緻』。按《書苑菁華》卷十一引王僧虔《又論書》：『衛覬字伯儒，河東人，爲魏尚書僕射，謚「敬侯」。善章書及古文，略盡其妙。草體傷瘦，而筆迹精秩，亦行於代。』

衛恒

巨山。瓘之子。庾云：『中中品。』張云：『古文、草、章妙品〔一〕，隸能品。』李云：『中上

品。』袁云：『如插花美女，舞笑鏡臺。』〔二〕

校注

〔一〕『草章』吴抄本作『章草』。

〔二〕『袁云』原本、吴抄本作『梁武云』，四庫本無『袁云：如插花美女，舞笑鏡臺』十一字。按袁昂《古今書評》：『衛恒書如插花美女，舞笑鏡臺。』此爲袁昂評語而非梁武帝評語，今據此改。

司馬攸

晉武帝弟也。王云：『京師以爲楷式〔一〕。』張云：『行、草能品。』

校注

〔一〕《書苑菁華》卷十一王僧虔《論書》：『晉齊王攸書，京、洛以爲楷法。』

陸機

士衡。庾云：『中下品。』李云：『中下品〔一〕。蚌質珠胎，金沙銀礫〔二〕。』王曰：『吴士也，無以較其多少。』

校注

〔一〕吴抄本作『中上品』。按李嗣真《書後品》下上品十三人，陸機居首，此疑盛氏誤。

〔二〕『沙』原本、吴抄本作『河』。按《書苑菁華》卷四引李嗣真《書後品》：『右士衡以下，時然合作，踳雜不倫，或類蚌質胎珠，乍比金沙銀礫。』今據四庫本改。

劉輿

慶孫。庾云：『中下品。』

庾亮

元規。庾云：『中下品。』王云：『亦能入録〔一〕。』

校注

〔一〕『能入』吴抄本作『入能』。按《法書要録》、《書苑菁華》引王僧虔《論書》均作『亦能入録』。

庾翼

稚恭。庾云：『中上品。』張云：『隸、章草能品〔一〕。』李云：『上下品。』王云：『征西翼書少時與右軍齊名〔二〕，右軍後進，庾猶不憤其在己上〔三〕。在荆州與都下書云〔四〕：「小兒輩乃賤家雞，重野鶩，學逸少書，須吾還〔五〕，當比之。」』

校注

〔一〕『草章』四庫本作『章草』。按張懷瓘《古賢能書録》中并没有『草章』之説，能品中隸書、章草、草書下均有庾翼，故此處應該是『章草』，今據四庫本改。

〔二〕『右軍』吴抄本作『逸少』，按王僧虔《論書》：『庾征西翼書，少時與右軍齊名。右軍後進，庾猶不憤忿，在荆州與都下書云：「小兒輩乃賤家雞，愛野鶩，皆學逸少書。須吾還，當比之。」』

〔三〕吴抄本『憤』後脱『其』字。

〔四〕『云』原作『曰』，吴抄本作『云』，據王僧虔《論書》載『在荆州與都下書云』，可知當作『云』，今據此改。

〔五〕『吾』四庫本作『我』。

王敦

處仲。張曰：『草第四。』

王導

茂弘。庾云：『中下品。』張云：『真第七，行第八，并草能品〔一〕。』王云：『甚有楷法，以師鍾、衛，好惡無厭，喪亂狼狽，猶以鍾繇《尚書宣示帖》，衣帶過江後〔二〕，右軍得之，子恬、洽、薈亦能書。』

校注

〔一〕『草』吴抄本作『書』，按張懷瓘《古賢能書録》載王導行書、草書能品。

〔二〕『後』原作『陵』。王僧虔《論書》：『亡高祖丞相導，亦甚有楷法，以師鍾、衛，好愛無厭，喪亂狼狽，猶以鍾繇《尚書宣示帖》藏衣帶中過江，後在右軍處。』可知『陵』爲『後』之形誤，今據吴抄本改。

郗氏

羲之妻。甚工書。有七子。

王徽之（子猷）、玄之、凝之、操之

皆羲之之子，并工草隸。〔一〕

校注

〔一〕此條吴抄本四人分列，四庫本併入『郗氏』條内，云：『羲之妻。甚工書。有七子，五子知名，長玄之，次凝之、徽之、操之、獻之皆羲之之子，并工草隸。』『徽之』置於『凝之』後，末尾多出『獻之』。此四人分條評論，看似無異，實有差别，分開各評，則『徽之、玄之、凝之、操之』四人入中品，此中無『獻之』，因王獻之已入上品。而併入『郗氏』條内，則此四人不以品第論，王獻之可處其中矣。《書苑菁華》卷十八引《晋王羲之别傳》：『郗氏甚工書。有七子，獻之最知名，玄之、凝之、徽之、操之并工草隸。』

謝道韞

凝之妻也，有才華，善書。李云：『中下品，雍容和雅，芬馥可翫。』

郗愔

方回。庾云：『中上品。』張云：『章草妙品，草、隸能品。』李云：『上下品。』梁武云：『意趣甚熟，而取妙特難，故蕭散風氣，一無雅素。』王云：『章草亞于右軍。』

郗超

景興，又字嘉賓〔一〕。庾云：『中下品。』王云：『草亞二王，緊媚過其父，骨力不及也。』李云：『中上品〔二〕。』

校注

〔一〕『字』吴抄本作『云』。《晉書》卷六七《郗超傳》：『超字景興，一字嘉賓。』

〔二〕『上』吴抄本作『下』，按《書苑菁華》卷四引李嗣真《書後品》評郗嘉賓爲中上品。

桓玄

敬道。庾云：『中上品。』李云：『中中品。如驚蛇入草，銛鋒出匣〔一〕。』王云：『玄自比右軍，議者未之許〔二〕。云可比孔琳之。』

校注

〔一〕『銛』吴抄本作『鋸』，銛鋒：剛鋭的鋒芒。

〔二〕『議』四庫本作『識』，按王僧虔《論書》作『議者未之許』。

杜預

元凱。庾云：『中中品。』張云：『章草能品。』李云：『中下品〔一〕。』

校注

〔一〕按李嗣真《書後品》評杜預爲中上品，『下』或爲『上』之形誤。

李式〔一〕

景則。庾云：『中上品。』張云：『隸、草能品。』李云：『上下品，縱邁過羊欣，可比庾翼。』

校注

〔一〕四庫本無此條。

張翼

君祖。庾云：『中下品。』李云：『中上品。』王云：『右軍自書表，晉穆帝令翼寫題後答右軍，右軍當時不別，久方覺〔一〕，云：「小子幾欲亂真。」』〔二〕

校注

〔一〕吴抄本『久』後有『乃』字。

〔二〕四庫本作『君祖。善隸、草，《書史會要》云：「穆帝令翼寫王羲之手表，帝自批其後，羲之殆不能辨真贋，久乃悟，云：『小子幾欲亂真。』」』按《書史會要》乃洪武九年陶宗儀所著，在盛氏《法書考》之後，故而不可能引用此書，是乃四庫館臣將注文羼入正文所致。

羊欣

敬元。庾云：『早隨子敬〔一〕，妙得其體，中上品。』張云：『隸、行、草妙品。』李云：『上下品。』梁武云〔二〕：『如婢作夫人，雖知過位〔三〕，舉止羞澀，終不似真。』王云：『受訣于子敬，書見重于一時，行草尤善，正乃不稱。』

校注

〔一〕吴抄本脱『早』字，庾肩吾《書品》：『羊欣早隨子敬，最得王體。』

〔二〕原脱『武』，按梁武帝《評書》：『羊欣書如婢作夫人，不堪位置，而舉止羞澀，終不似真。』此書多稱『梁武云』，今據吴抄本補。

〔三〕『過』原作『遇』，語義不通，梁武帝《書評》：『如婢作夫人，不堪位置。』四庫本作『雖處其位』，今據吴抄本改。

薄紹之

敬和〔一〕。庾云：『下上品。』張云：『隸、行草俱妙品。』梁武云：『如龍游在霄〔二〕，繾綣可愛〔三〕。』

校注

〔一〕諸本皆作『敬和』，按《書品》、《書斷》、《書苑菁華》等都載薄紹之字『敬叔』，此疑盛氏誤。
〔二〕『龍游』吴抄本作『游龍』，誤。按梁武帝《評書》：『如龍遊在霄，繾綣可愛。』
〔三〕『愛』原作『重』，今據吴抄本改。

孔琳之

彦琳。庾云：『中上品。』張云：『隸、行、草妙品〔一〕。』唐評：『放縱快健，筆勢流利，二王以後，難與比肩。但功虧少，故當劣於羊欣。』王云：『天然縱逸，極有筆力規矩，但工夫少

自在。』〔二〕

校注

〔一〕吴抄本『草』後有『俱』字。

〔二〕《南齊書》卷三三《王僧虔傳》：『孔琳之書天然放縱，極有筆力，規矩恐在羊欣後。丘道護與羊欣俱面受子敬，故當在欣後。范厨與蕭思話同師羊欣，後小叛，既失故步，爲復小有意耳。蕭思話書，羊欣之影，風流趣好，殆當不減，筆力恨弱。』

張超

子并。庾云：『子并，崔家州里，頗相仿效。可謂「冰寒于水」。中上品。』〔一〕張云：『章草能品。』梁武云〔二〕：『如高麗人抗浪，乃不有意氣而姿媚自足精神。』李云：『中下品，如郢中少年，乍入京輦〔三〕，縱有才辨，蓋亦可知。』

校注

〔一〕庾肩吾《書品》：『子并，崔家州里，頗相仿效。可謂「醬鹹於鹽，冰寒於水。」中上品。』崔家州里：指崔瑗故里。

〔二〕『云』吴抄本作『評』。

〔三〕郢中：郢都，借指古楚地。京輦：皇帝坐的車子叫輦，故京城稱『京輦』，亦稱『輦下』，《後漢書·袁紹傳》：『子弟生長京輦。』

殷鈞

庾云：『頗耽著愛好〔一〕，終得肩隨，中上品。』

校注

〔一〕『耽』四庫本作『沈』，『愛』四庫本作『受』。按庾肩吾《書品》：『王僧虔雄發齊代，殷鈞頗沈著受好，終得肩隨。』

謝靈運

惠連〔一〕。庾云：『下上品。』張云：『隸、草妙品。』李云：『中下品。』王云：『昔子敬上表多於中書雜事中，皆自書，竊易真本，相與不疑。永嘉初〔二〕，方就索還，上《謝太傅殊禮表》，亦是其例。』

校注

〔一〕吴抄本、四庫本無『惠連』。按體例，此處應該記載謝靈運字，而謝靈運字靈運，而非『惠連』，此疑盛氏誤。

〔二〕諸本皆作『永嘉初』，按永嘉爲東晋初年年號，謝靈運係劉宋元嘉年間人，『永嘉』應是『元嘉』之誤，《書苑菁華》卷十一引王僧虔《論書》作『元嘉初』，此疑盛氏所誤。

謝綜〔一〕

王云：『書法緊絜，羊欣憚之，書法有力，恨少媚好。』

校注

〔一〕『綜』原作『琮』，按《宋書》卷六十九《范曄傳》載其外甥謝綜，而現存南朝史料中并無謝琮，故此處當作『謝綜』，今據四庫本、吴抄本改。

陶弘景

通明，隱居〔一〕。庾云：『中下品。』李云：『中中品。得書之筋髓，如麗景霜空，鷹隼初擊。』武帝云〔二〕：『如吳興小兒，形狀雖未長成，而骨氣峭甚。』

校注

〔一〕陶弘景，字通明，自號華陽隱居，因後世評書家多稱『陶隱居』。

〔二〕吴抄本『武』前有『梁』字。

郭伯道

庾云：『俯問朝廷〔一〕，遠封其迹。』

校注

〔一〕『問』吴抄本作『門』。《書苑菁華》卷四庾肩吾《書品》：『伯道里居朝廷，遠討其迹。』

李鎮東

梁武云：『如芙蓉出水，文采鏤金〔一〕。』

校注

〔一〕『采』吴抄本作『彩』。梁鍾嶸《詩品》評顔延之詩時引湯惠休語云：『謝詩如芙蓉出水，顔詩如錯彩鏤金。』

左伯

子邑。庾云：『分鑣梁、邯〔一〕，中中品。』

校注

〔一〕分鑣：分道也。梁：戰國時魏國國都大梁，今河南省開封市。邯：邯鄲，戰國趙都邯鄲，因以爲趙的代稱。

張彭祖

庾云：『中中品。』張云：『隸能品。』

任靖

庾云：『中中品。』

韋昶〔一〕

庾云：『中中品。文休題柱。』張云：『古文、大篆能品。』

校注

〔一〕原作『常彔』，四庫本亦同，吴抄本作『韋昶』。按庾肩吾《書品》未載『常彔』，而中中品有『韋昶』，并稱其字爲文休，其評云：『任靖嬌名，文休題柱。』故此當爲『韋昶』，今據吴抄本改。

張永

庾云：『中下品〔一〕。』

校注

〔一〕四庫本作『中中品』。按庾肩吾《書品》評張永爲中中品，此『下』疑爲『中』之誤。

范懷約

梁武云：『真書有力，而草行無功〔一〕。』庾云：『中下品〔二〕。張、范俱東南之美〔三〕。』

校注

〔一〕『草行』吴抄本作『行草』，《墨藪》作『行草』，而《書小史》作『草行』。

〔二〕庾肩吾《書品》評范懷約爲中中品，此『下』疑爲『中』之誤。

〔三〕原『南』後脱『之美』二字，按庾肩吾《書品》：『張、范遞峙，盡東南之美。』今據吴抄本補。

吴休尚

庾云：『中中品。』梁武云：『如新亭傖父，一往似揚州共語，語便態生〔一〕。』

校注

〔一〕此句語義不通，按梁武帝《評書》：『吴、施書如新亭傖父，一往見，似揚州人共語，語便態出。』疑『似』前脱『見』字，『州』後脱『人』字。新亭：三國時東吴所建，名爲臨滄觀，後晋安帝隆安中丹陽尹司馬恢之重修，更名爲新亭。東晋京師名士周顗、王導等常于此遊宴，此亭遂大知名。傖父：鄙賤的人，《晋書》卷九十二《文苑·左思傳》：『此間有傖父，欲作《三都賦》，須其成，當以覆酒甕耳。』

施方泰

庾云：『施、吴鄰下同年拔萃〔一〕，中中品。』

校注

〔一〕『吴』原作『吾』，庾肩吾《書品》：『施、吴鄰下後生，同年拔萃。』施指施方泰，吴指吴休尚，二人同爲中中品。上條吴休尚引梁武帝《評書》，歷來評書家多以『施吴』并論，『吾』當是『吴』音近而誤，今改。

康昕

庾云：『中下品。』李云：『中中品，巧密精勤，有翰飛鶯弄之體。』王云：『學右軍草〔一〕，亦欲亂真。常與南州識道人作右軍書貨〔二〕。』

校注

〔一〕『草』吴抄本作『書』，按王僧虔《論書》：『康昕學右軍草，亦欲亂真。』『草』字爲是。

〔二〕『常』四庫本作『嘗』，『貨』四庫本作『贋』。

王崇素

庚云：『中下品。』李云：『下中品〔一〕。』

校注

〔一〕『下』原作『中』，李嗣真《書後品》評王崇素爲下中品，今據吴抄本改。

張昭、朱誕、徐希秀、劉繪

庚云：『以上中下品〔一〕。』

校注

〔一〕吴抄本『以上』後有『皆』字。

王知敬

張云：『行、草能品。』李云：『中中品。碎玉殘金，雲間孤鶴。』

丘道護

王云：『受訣于子敬，殊在羊欣前。』李云：『謬當高品，迹乃浮華，中中品。』

許文靖〔一〕

張云：『真第七〔二〕。』李云：『中中品。』

校注

〔一〕『靖』吴抄本作『静』。盛氏之前的歷代書論中，并無『許文静』或者『許文靖』，三國時有『許靖』，但并不善書。按盛氏之評書體例，其前後所品之人均爲東晋南朝人，故其所評非此『許靖』。張彦遠《法書要録》卷一：『高陽許静民，鎮軍參軍，善隸、草，羲之高足。』李嗣真《書後品》中中品有『許静』，或即『許静民』而脱『民』字，『許静』與『許静民』當是同一人。『許文靖』或即『許静民』。盛氏《法書考》多摘引李嗣真《書後品》，故其最初所撰當作『許静』，疑後世多次傳抄，故而衍生出諸多版本。

〔二〕張懷瓘《書議》真書第七者爲『茂弘王導』，非『許文靖』，疑盛氏誤。

宋文帝

劉義隆。庾云：『中下品。』張云：『隸、行、草妙品〔一〕。』李云：『有子敬風骨，超縱狼籍，翕焕爲美，中下品。』唐評：『如葉裏紅花，雲間白日。』王云：『帝自謂不减王子敬〔二〕，時議謂「天然勝羊欣，工夫不及」。』

校注

〔一〕張懷瓘《古賢能書録》載宋文帝隸書妙品，而妙品行書、草書不見宋文帝之名，能品行書、草書均有宋文帝，故此評應爲『隸書妙品，行、草能品』。疑盛氏誤。

〔二〕『王子敬』吴抄本作『羊欣』。按王僧虔《論書》：『宋文帝書，自謂不減王子敬，時議謂「天然勝羊欣，工夫不及」。』『王子敬』爲是。

王僧虔

庚云：『雄發齊代，中上品。』梁評：『猶如揚州王謝家子弟〔一〕，縱復不端正，奕奕皆有一種風氣。』宋文帝問曰〔二〕：『朕書與卿孰優〔三〕？』對曰〔四〕：『帝書帝中第一，臣書臣中第一。』上笑曰：『卿可謂善自謀矣。』

校注

〔一〕吴抄本『如』後無『揚州』二字，按梁武帝《評書》：『王僧虔書如王謝家子弟，縱復不端正，奕奕皆有一種風氣。』『揚州』二字應爲衍文。

〔二〕《南齊書·王僧虔傳》：『太祖善書，及即位，篤好不已。與僧虔賭書畢，謂僧虔曰：「誰爲第一？」僧虔曰：「臣書第一，陛下亦第一。」上笑曰：「卿可謂善自爲謀矣。」』與王僧虔論書者乃齊太祖蕭道成而非宋文帝。《法書要録》、《書斷》所引此事皆作『齊高帝蕭道成』，此乃盛氏未加甄別史料而誤引。

〔三〕吴抄本『卿』後有『書』字。

〔四〕『對』吴抄本作『僧虔』。

蕭子雲

張云：『隸、飛白妙品。小篆、章草俱能品〔一〕。』梁評：『如危峰阻日，孤樹一枝，荆軻負劍，壯士彎弓，雄人獵虎〔二〕，心胸猛烈，鋒刃難當。』唐評：『如上林春花，遠近瞻望，無處不發。』

校注

〔一〕吴抄本『小篆』後有『能品』二字，『章草』作『章行』。張懷瓘《古賢能書録》載蕭子雲小篆、章草、行書能品，疑原文脱『行』字。

〔二〕『獵』吴抄本作『射』。按梁武帝《評書》：『雄人獵虎。』雄人：才能超群的人。

智永

隸、草、章俱妙品〔一〕，行能品。李云：『精熟過人，惜無奇態〔二〕，中中品。』王逸少七代孫〔三〕，妙傳家法，住吴興永欣寺，積退筆頭置兩大簏〔四〕，受一石餘而五簏皆滿，瘞之號『筆塚』。求書者如市，所居户限，爲之穿穴，用鐵葉裹之，人謂之『鐵門限』。〔五〕

校注

〔一〕張懷瓘《古賢能書録》載釋智永隸書、章草、草書俱妙品，『隸』前應脱『張云』二字。

〔二〕『奇』吴抄本作『衡』，按李嗣真《書後品》：『惜無奇態。』

〔三〕吴抄本『少』後有『之』字。

〔四〕四庫本、吴抄本『簏』前有『竹』字。

〔五〕陳思《書小史》卷八：『釋智永，會稽人，師遠祖逸少，工草隸，妙傳家法。嘗臨寫真草《千文》八百本，散與人外，江東諸寺各施一本，今有存者猶直數萬錢。住吴興永欣寺，積年臨書，所退筆頭置之大竹簏，受一石餘而五簏皆滿。人來覓書，或求乞師者如市，所居門限，爲之穿穴，乃用鐵葉裹之，人謂之「鐵門限」。』簏：用竹篾編的盛零碎東西的小簍。瘞：埋葬，潘岳《西征賦》：『夭赤子於新安，坎路側而瘞之。』

唐太宗〔一〕

李世民好羲之書，師虞世南，嘗患戈脚不工，偶作「戩」字〔二〕，遂空其落戈，令世南足之，以示魏徵，徵曰：『「戩」字戈脚逼真。』世南後極善飛白，置弘文館延學書士。

校注

〔一〕按李嗣真《書後品》、張懷瓘《古賢能書録》等唐人評書均未有及太宗者，盛氏定爲中品，可見對其書之推崇。

〔二〕『作』吴抄本作『書』。

漢王元昌〔一〕

張云：『行能品。』李云：『中上品。』與太宗、褚遂良受訣於史陵。

校注

〔一〕李元昌（六一九——六四三），唐高祖李淵第七子，太宗李世民異母弟，高祖封其爲魯王，太宗改封爲漢王。因參與太子李承乾謀反，被賜死。書法受之史陵，祖述羲、獻，善行書，又善畫馬，筆迹妙絶。

虞世南

伯施，餘姚人，從智果得書法〔一〕，嘗著《筆髓論》。張云：『隸、行、草妙品。』李云：『上下品，蕭散灑落，真草惟命，如羅綺嬌春，鵷鴻戲沼〔二〕。』唐評：『體段遒媚，舉止不凡，能中更能，妙中更妙。』

校注

〔一〕吴抄本『果』後有『而』字。

〔二〕鵷：古書上指鳳凰一類的鳥。

歐陽詢

信本〔一〕，臨湘人。學羲之書，後險勁瘦硬〔二〕，自成一家。議者以爲真、行有獻之法，自羊欣、薄紹之後，無與比者〔三〕。獨智永恃其精鍊〔四〕，欲與相攻。而詢猛鋭〔五〕，智永亦復避鋒，詢常見索靖所書碑，初唾之而去，復觀〔六〕，乃悟其妙〔七〕，留其下三日〔八〕。晚年筆力尤剛勁。張云：『隸、行、飛白、草皆妙品〔九〕，大小篆、章能品。』李云：『上下品。如旱蛟得水，毚兔走穴，筆勢恨少，于鐫勒及飛白諸勢，如武庫戈戟〔十〕，雄劍森森。』唐評：『如金剛瞋目〔十一〕，力士揮拳。』宋陳景元謂〔十二〕：『世皆知其體方，而不知筆力圓〔十三〕。』

校注

〔一〕『信』四庫本作『詢』。《新唐書》卷一九八：『歐陽詢，字信本，潭州臨湘人。』

〔二〕『後險勁瘦硬』四庫本作『峻險勁瘦』。

〔三〕原脱『與』字，今據吴抄本補。

〔四〕『恃其精鍊』吴抄本作『持兵精練』。

〔五〕『鋭』吴抄本空缺。

〔六〕吴抄本『復』前有『後』字。

〔七〕『乃』吴抄本作『始』。

〔八〕『留』四庫本、吴抄本作『卧』。

〔九〕吴抄本『飛白』後無『草』字，按張懷瓘《古賢能書録》歐陽詢隸書、行書、飛白、草書均妙品。

〔十〕『戈戟』吴抄本作『矛戈』。

〔十一〕『瞑』四庫本作『瞋』。《唐人書評》：『歐陽詢書若草裏蛇驚，雲間電發，又如金剛嗔目，力士揮拳。』

〔十二〕『元』原作『走』，四庫本脱『元』字，《宣和書譜》卷六：『道士陳景元，字太虚師，號真靖，自稱碧虚子，建昌南城縣人……又嘗與蔡卞論古今書法，至歐陽詢則曰：「世皆知其體方，而莫知其筆圓。」卞頗服膺。』今據吴抄本改。

〔十三〕『筆力』吴抄本作『其筆』。『體方』與『筆圓』對仗，疑『力』爲衍文。

褚遂良

登善。張云：『隸、行俱妙品。』李云：『上下品。臨寫右軍，亦爲高足，豐艷雕刻〔一〕，盛爲當今所尚。但恨乏自然，精勤意耳。』〔二〕唐評：『字裏金生，行間玉潤，法則温雅，美麗多方。』

校注

〔一〕『雕』吴抄本作『高』。

〔二〕李嗣真《書後品》：『但恨乏自然，功勤精悉耳。』

薛稷

張云：『能品〔一〕。』唐評〔二〕：『多攻褚體〔三〕，意亦新奇。』又云：『風驚苑花，雪壓山栢〔四〕。』

校注

〔一〕張懷瓘《古賢能書録》薛稷隸書、行書能品，據盛氏之評書體例，當作『隸、行能品』，疑『能品』前脱『隸行』二字。

〔二〕『評』吴抄本作『云』，此『唐評』當引自《唐人評書》，可參《書苑菁華》卷五。

〔三〕多攻褚體：多習褚遂良書法，時有『買褚得薛，不失其節』之説。

〔四〕諸本皆作『雪壓山栢』，按《墨藪》書品優劣第三、《書苑菁華》卷五《唐遺名子呂總續書評》均作『雪惹山柏』。

張從申

唐評：『遠近稱善，獨步江外。』〔一〕

校注

〔一〕《書苑菁華》卷五《唐人書評》中無此條，《唐遺名子呂總續書評》：『張從申書遠近稱美，獨步江外。』盛氏引『唐評』不單《唐人書評》，還包括《唐遺名子呂總續書評》。以下李陽冰條、張旭條、顔真卿條『唐評』皆指呂總評。

李陽冰

少温，又名潮。嘗作《筆法論》，謂：『於天地山川得其方圓流峙之形，于日月星辰得其經緯昭回之度。近取諸身〔一〕，遠取萬物，幽至鬼神情狀〔二〕，細至於喜怒舒慘，莫不畢載。』〔三〕

唐評：『若古釵倚物〔四〕，力有萬夫，李斯之後，一人而已。』

校注

〔一〕『取』吴抄本作『處』。

〔二〕吴抄本『至』後有『於』字。

〔三〕《宣和書譜》卷二《篆書》：『李陽冰，字少温，趙郡人……作《筆法論》以别其點畫，又嘗立説，謂：「於天地山川得其方圓流峙之形，於日月星辰得其經緯昭回之度，近取諸身，遠取萬類，幽至於鬼神情狀，細至於喜怒之舒慘，莫不畢載。」』

〔四〕『古』原作『右』，按《書苑菁華》卷五《唐遺名子吕總續書評》：『李陽冰書若古釵倚物。』今據四庫本、吴抄本改。

張 旭

唐評：『立性顛逸，超越古今。』〔一〕

校注

〔一〕《書苑菁華》卷五《唐遺名子呂總續書評》：『張旭書立性顛逸，妙絶古今。』

顔真卿

清臣。唐評：『鋒絶劍摧，驚飛逸勢。』陸羽曰：『徐吏部不受右軍筆法，而體裁似右軍〔一〕；顔太保受右軍筆法，而點畫不似。蓋徐得右軍皮膚眼鼻，所以似之；顔得右軍筋骨心肺，所以不似也。』

校注

〔一〕吴抄本『而』後有『書』字。按《書苑菁華》卷十八陸羽《唐僧懷素傳》：『徐吏部不受右軍筆法，而體裁似右軍。』徐吏部：徐浩，唐代書法家，擅長八分、行、草書，尤精於楷書，曾任吏部侍郎，因有此稱。

釋懷素

唐評：『援筆掣電，隨手萬變。』酒酣興發，遇墻壁、衣、器〔一〕，靡不書之。貧無紙，種芭蕉萬餘株以供揮灑，書不足〔二〕，乃漆一盤書之，書至再三，盤版皆穿。素伯祖惠融善學歐陽詢書，世莫能辨。至是鄉中呼爲『大錢師』，素爲『小錢師』〔三〕，嘗受法於金吾兵曹錢塘鄔彤。〔四〕

校注

〔一〕吴抄本『衣』後有『服』字，『器』後有『皿』字。

〔二〕『足』原作『及』，語義不通，今據吴抄本改。

〔三〕四庫本、吴抄本無『素』字。

〔四〕『酒酣興發』後當摘引自陸羽《唐僧懷素傳》：『時酒酣興發，遇寺壁、里墻、衣裳、器皿，靡不書之。貧無紙可書，常於故里種芭蕉萬餘株以供揮灑，書不足，乃漆一盤書之，又漆一方板，書至再三，盤板皆穿。懷素伯祖惠融禪師者，先時學歐陽詢書，世莫能辨，至是鄉中呼爲「大錢師」「小錢師」，吏部韋尚書陟見而賞之曰：「此沙門札翰，當振宇宙大名。」懷素忽心悟曰：「夫學無師授，如不由户而出。」乃師金吾兵曹錢塘鄔彤。』

李邕

泰和，江都人。唐評：『華岳三峰，黄河九曲〔一〕。』邕初學，變右軍行法，頓挫起伏〔二〕，既得其妙。復乃擺脱舊習，筆力一新。李陽冰謂之『書中仙手』，文翰俱重于時。當時奉金帛求書，前後所受，鉅萬計，自古未有如此之盛也。〔三〕

校注

〔一〕諸本皆作『黄河九曲』。按《墨藪》、《墨池編》、《書小史》、《書苑菁華》等評李邕作『黄河一曲』。

〔二〕『頓挫起伏』吴抄本作『相伏挫起』。

〔三〕『邕初學』後摘引自《宣和書譜》卷八：『邕初學，變右軍行法，頓挫起伏，既得其妙。復乃擺脱舊習，筆力一新。李陽冰謂之「書中仙手」，裴休見其碑云：「觀北海書，想見其風采，大抵人之才術，多不兼稱。王羲之以書掩其文，李淳風以術映其學，文章書翰，俱重於時，惟邕得之。」當時奉金帛而求邕書，前後所受，鉅萬餘，自古未有如此之盛者也。』

柳公權

誠懸。穆宗嘗問公權筆何以盡善〔一〕。對曰：『在心正，心正則筆正。上改容，知其筆諫也〔二〕。』公權初學王書，徧閲近代筆法，體勢勁媚〔三〕，自成一家。當時公卿家碑刻不得公權書者〔四〕，以爲不孝。外夷入貢，皆購求柳書。上都西明寺《金剛經碑》，尤爲得意。

校注

〔一〕『穆宗嘗問公權筆何以盡善』吴抄本作『穆宗嘗問筆法何以盡善』。

〔二〕吴抄本『其』後有『以』字。《舊唐書》卷一六五：『穆宗政僻，嘗問公權筆何盡善？對曰：「用筆在心，心正則筆正。」上改容，知其筆諫也。』

〔三〕吴抄本無『體勢』二字。

〔四〕吴抄本無『碑』、『者』二字。

下品

何曾

張云：『草能品。』

晉元帝

睿〔一〕，景文。庾云：『下上品。』

校注

〔一〕『睿』四庫本作『叡』。晉元帝司馬睿，字景文。

王洽〔一〕

敬和。

校注

〔一〕吴抄本王洽條在王恬前。

羊祜〔一〕

叔子。庾云：『下上品。』

校注

〔一〕吴抄本羊祜條列於何曾條後。

王恬

敬豫。張云：『隸能品。』

王薈

敬文。庾云：『下上品。』〔一〕

王修〔二〕

敬仁。庾云：『中中品。』張云：『隸、行俱能品。』

校注

〔一〕吴抄本脱『庾云下上品』五字。

校注

〔一〕《晋書》卷九三《王濛傳》：『二子修、藴，修字敬仁，小字苟子，明秀有美稱，善隸書。』

王珣

元琳。洽之子，珉之兄。

王濛

仲祖。張云：『草能品〔一〕。』李云：『下中品。』王云：『上可比庾翼。』

校注

〔一〕張懷瓘《古賢能書録》王濛隸書、章草能品，草書能品無王濛，疑『草』前脱『章』字。

張敞

張云：『古文能品。』

張　澄

王云：『當時亦呼有意。』

王　裒〔一〕

偉元。李云：『下上品。』張云：『能品。』梁武帝云：『意深工淺，猶未當妙。』〔二〕

校　注

〔一〕原作『王褒』，按吴抄本、四庫本作『王裒』。王褒，字子淵，蜀人也，西漢辭賦家。另有梁末書法家、文學家王褒，亦字子淵，瑯琊臨沂人。《晋書》卷八八：『王裒字偉元，城陽營陵人也。』故此當爲『王裒』，而非『王褒』，乃形誤所致，今改。

〔二〕按梁武帝《評書》：『王褒書如悽斷風流，而勢不稱貌，意深工淺，猶未當妙。』梁武帝此處所評當爲梁朝人王褒（子淵），而非晋人王裒（偉元），此處疑盛熙明所誤引。

張紘〔一〕

張云：『小篆能品，飛白妙品。』

校注

〔一〕『張紘』疑爲『張宏』。張懷瓘《古賢能書録》載張宏小篆能品、飛白妙品，而非『張紘』。按三國時有『張紘』，字子綱，廣陵人，善小篆。東晋時有『張宏』，《書小史》卷四：『處士張宏，字敬禮，吴郡人。篤學不仕，嘗著烏巾，時號張烏巾。善篆、隸，其於飛白，絶妙當時，飄若遊雲，激若驚電，飛仙舞鶴之態，盖有類焉。自作《飛白叙勢》，備其美也，歐陽詢曰：「飛白張烏巾冠世，其後逸少、子敬亦稱妙絶。」』按盛氏品評原則，此處當爲晋宋時人；并引張懷瓘語，言其既擅長小篆，且飛白更妙，故不應是三國時張紘，而是東晋時張宏。

范曄

蔚宗。庾云：『下上品〔一〕。』張云：『小篆、草能品。』李云：『下中品。如寒雋之士〔二〕，亦不可棄。』王云：『與蕭思話同師羊欣，後背叛，失故步。』〔三〕

校注

〔一〕吴抄本作『上下品』，按庾肩吾《書品》評范曄爲下上品。

〔二〕原脱『士』，今據吴抄本、四庫本補。

〔三〕王僧虔《論書》：『范曄、蕭思話同師羊欣，范後背叛，皆失故步，名亦稍退。』

蕭思話

庾云：『下上品〔一〕。』張云：『行、草能品〔二〕。』李云：『下中品。如遁世之夫，時或堪采。』王云：『全法羊欣，風流趣好，殆當不減，而筆力恨弱。』

校注

〔一〕四庫本作『上下品』，按庾肩吾《書品》評蕭思話爲下上品。

〔二〕『能品』原作『妙品』，按張懷瓘《古賢能書録》蕭思話行書、草書能品，非妙品，今據吴抄本改。

謝朓

玄暉。庾云：『中下品〔一〕。』張云：『草能品。』李云：『創得令韻，下下品。』

校注

〔一〕「中下」原作「下中」，按庾肩吾《書品》評謝朓爲中下品，今據吴抄本改。

謝静、謝敷

王云：「并善寫經，亦能入境〔一〕。」

校注

〔一〕四庫本作「亦入能品」，吴抄本作「亦入能境」。按庾肩吾《書品》：「謝静、謝敷并善寫經，亦能入境。」

姜詡〔一〕、梁宣

右庾云：「下上品。」

校注

〔一〕「詡」原作「翊」，《法書要録》、《書苑菁華》等均作「姜詡」，今據吴抄本改。

韋秀〔一〕、鍾輿、向泰〔二〕、羊暨〔三〕、識道人、庾黔婁〔四〕、費元瑶、孫奉伯、陽經、諸葛融

以上庾云：『下下品。』

校注

〔一〕『韋秀』原作『常秀』，庾肩吾《書品》下上品、張彦遠《法書要録》下上品、陳思《書苑菁華》卷四張懷瓘《古賢能書録》下上品均作『韋秀』，疑後世抄誤，今據吴抄本改。

〔二〕『向泰』原作『問泰』。庾肩吾《書品》下上品、張彦遠《法書要録》下上品、陳思《書苑菁華》卷四張懷瓘《古賢能書録》下上品均作『向泰』，疑後世抄誤，今據吴抄本改。

〔三〕『羊暨』吴抄本作『芊暨』。庾肩吾《書品》下上品、張彦遠《法書要録》下上品、陳思《書苑菁華》卷四張懷瓘《古賢能書録》下上品中無『芊暨』或『羊暨』，但有『羊忱』，此處疑爲『羊忱』。

〔四〕吴抄本『庾黔婁』後有『宋炳』，四庫本作『朱炳』，按庾肩吾《書品》下上品、張彦遠《法書要録》下上品、陳思《書苑菁華》卷四張懷瓘《古賢能書録》下上品『庾黔婁』後均有『宋炳』，原本疑脱。

楊潭〔一〕、張炳、張輿、王脩

以上庾云：『下中品〔二〕。』

校注

〔一〕從『楊潭』至下文『張融』，吴抄本皆無。

〔二〕按庾肩吾《書品》下中品十五人中，没有張輿、王脩。

劉穆之

道和。庾云：『下中品。』李云：『下下品。』

張融

思先〔一〕。庾云：『下下品。』張云：『草妙品。』李云：『要自標舉，蓋無足褒，下中品。』

校注

〔一〕諸本皆作『思先』，《南齊書》卷四一《張融傳》：『张融，字思光，吴郡吴人也。』『先』當爲『光』之形誤。

朱齡石、庾景休、褚元明、孔敬通、王籍（文海）

右庾云〔一〕：『皆下中品〔二〕。』

校注

〔一〕吴抄本無『右』字。

〔二〕吴抄本作『以上皆中品』。

衛宣、李韞、陳基、傅庭堅〔一〕、張紹、陰光、韋熊〔二〕、曹任、宋嘉、裴邈、羊固、傅夫人、辟閭訓、謝晦〔三〕、孔閶、顏寶光、周仁皓、張欣泰、張熾、僧岳道人、法高道人

右數人，庾評云：『皆五味一和〔四〕，五色一采。視其雕文，非特刻鵠〔五〕；人人下筆，寧止追響。遺迹見珍〔六〕，餘芳可折。誠乃驅馳并駕，不逮前鋒，而中權後殿〔七〕，各盡其美，允爲下下品〔八〕。』

校注

〔一〕『庭』四庫本作『廷』。

〔二〕吴抄本『韋熊』後有『張暢』，按庾肩吾《書品》下下品二十三人中，『韋熊』後是『張暢』，疑原脱『張暢』二字。

〔三〕原作『謝誨』，按庾肩吾《書品》下下品二十三人有謝晦，字宣明。宋齊之際，并無『謝誨』，『謝晦』爲是，今據吴抄本改。

〔四〕吴抄本『五』前無『皆』字。

〔五〕刻鵠：比喻仿效他人的行爲，盧照鄰《釋疾文·粵若》：『既而屠龍適就，刻鵠初成。』

〔六〕原『迹』前無『遺』字，今據吴抄本、四庫本補。

〔七〕中權：比喻中等。後殿：宫中後面的殿宇，引申意爲末端。

〔八〕『下下品』原作『下中品』，按庾肩吾《書品》載上述諸人爲下下品，今據吴抄本改。

徐幹

張云：『章草能品。』〔一〕

校注

〔一〕吴抄本脱『張云章草能品』六字。

徐令文〔一〕

張云：『草能品〔二〕。』

校注

〔一〕諸本皆作『徐令文』，疑爲『宋令文』。張懷瓘《古賢能書録》能品草書條有宋令文，而無徐令文，《書斷》、《法書要録》等亦均作『宋令文』，此疑盛氏誤。

〔二〕『草』四庫本作『章草』，按張懷瓘《古賢能書録》宋令文草書能品，四庫本誤。

王愔

張云：『草能品〔一〕。』

校注

〔一〕『草』四庫本作『章草』，按張懷瓘《古賢能書録》王愔草書能品，四庫本誤。

顔　倩

梁武云：『如貧家果實，無妨可受〔一〕，少乏珍羞。』

校注

〔一〕此句語義不通。梁武帝《書評》：『顔倩書如貧家果實，其芳可愛，少乏珍羞。』可知，『無妨』當爲『其芳』之誤，『受』當作『愛』。

王彬之

梁評：『放縱快利，筆道流便。』〔一〕

校注

〔一〕梁武帝《書評》：『王彬之書，放縱快利，筆道流便。』

柳惲

梁評：『縱橫廓落，大意不凡，而德體未備。』

徐淮南

梁評：『如南岡士夫，徒尚風軌〔二〕，而不免寒乞。』

校注

〔一〕『徒』原作『從』。按梁武帝《書評》：『徐淮南書如南岡士大夫，徒尚風軌，殊不卑寒。』

張斯〔一〕

梁評〔二〕：『如辨士對敭，獨語不回，得心會理。』

校注

〔一〕『張斯』疑爲『張融』。按梁武帝《評書》：『張融書如辨士對揚，獨語不困，行必會理。』現存南朝史料文獻中并無『張斯』，此條所引爲梁武帝評張融語，前文已有張融條，此條可與前條合并。對敭：答問。

〔二〕『評』吴抄本作『云』。

齊高帝

庾云：『下上品。』李云：『中下品。』張云：『行草能品。』〔一〕

校注

〔一〕吴抄本『行草能品』後有『字紹伯』三字，傅增湘據此補。按《南齊書》卷一：『太祖高皇帝諱道成，字紹伯。』但據盛熙明之評書體例，『紹伯』應該置於『齊高帝』後。

劉珉

李云：『頹波赴壑〔一〕，狂澗争流。』〔二〕

校注

〔一〕『壐』原作『整』，語義不通，此當形近而誤，今據吴抄本改。

〔二〕李嗣真《書後品》：『劉珉比顛波赴壑，狂澗争流。』

蕭特

梁評：『雖有家風，而風流勢薄，猶如羲、獻，安得相似？』

庾肩吾

張云：『隸、草能品。』李云：『下上品。』梁評：『畏懼收斂，少得自充，效未能精〔一〕，去蕭、蔡遠矣〔二〕。』

校注

〔一〕《書苑菁華》卷五引梁武帝《評書》及《墨池編》作『觀阮未精』。

〔二〕蕭：蕭子雲；蔡：蔡邕。

袁崧

李云：『下上品。』梁評：『如深山道人〔一〕，見人便欲退縮。』

校注

〔一〕『人』四庫本、吴抄本作『士』，按梁武帝《評書》：『袁崧書如深山道士，見人便欲退縮。』

梁武帝

張云：『草能品。』李云：『下下品。』

梁簡文帝

李云：『下中品。』

梁元帝、陳文帝、褚淵、沈君理、張正見

李云：『右數君〔一〕，亦稱筆札〔二〕，多類效顰，猶枯林之青一枝，比衆石之孤生片琰〔三〕。爲下下品。于中彦回輕快〔四〕，練倩有力〔五〕，孝先風流〔六〕，君理效達〔七〕。』

校注

〔一〕原『右數君』前無『李云』二字，按此段引文出自李嗣真《書後品》，故當有『李云』二字，今據吴抄本補。

〔二〕『筆札』原作『筆』，按李嗣真《書後品》：『右數君，亦稱筆札。』今據吴抄本改。

〔三〕吴抄本無『比』字。『衆』原作『泉』，按李嗣真《書後品》：『猶枯林之春秀一枝，比衆石之孤生片琰。』今據吴抄本改。

〔四〕『快』原作『怯』，按李嗣真《書後品》：『于中彦回輕快。』今據吴抄本改。褚淵：字彦回。

〔五〕『練倩』原本、四庫本作『陳倩』，按李嗣真《書後品》：『練倩有力。』今據吴抄本改。

〔六〕諸本皆作『孝先』，此疑爲『孝元』，梁元帝蕭繹廟號爲世祖孝元皇帝，李嗣真《書後品》：『孝元風流，君理放任。』疑『先』乃『元』之形誤。

〔七〕『效』吴抄本作『方』，《法書要録》、《書後品》作『君理放任』。

智果

張云：『隸、行、草、章能品〔一〕。』

校注

〔一〕『草、章』四庫本作『章、草』。按張懷瓘《古賢能書録》智果隸書、行書、草書能品，無章書，此疑盛氏誤。

蕭綸

李云：『下下品〔一〕。』

校注

〔一〕諸本皆作『下下品』，李嗣真《書後品》評蕭綸爲下上品，此疑盛氏誤。

斛斯彦明

李云：『筆勢咸有由來，下上品。』

房彦謙、張大隱

李云：『房司隷、張益州參小令之體，下上品。』〔一〕

校注

〔一〕房彦謙：隋朝書法家，曾擔任過司隷刺史，故稱『房司隷』。張大隱，一作張士隱，嘗擔任過益州刺史，故稱『張益州』。

殷令名

李云：『下上品。擅聲題署〔一〕。』

校注

〔一〕吴抄本作『擅名題柱』，《法書要録》、《書苑菁華》作『擅聲題署』。

藺静文〔一〕

李云：『下上品。正書甚爲鮮潔〔二〕，殊有軌則。』

校注

〔一〕『文』原作『父』，四庫本作『藺静友』，《墨池編》、《書苑菁華》均作『藺静文』，今據吴抄本改。

〔二〕『書』吴抄本作『真』，按李嗣真《書後品》：『藺生正書甚爲鮮緊，殊有規則。』

錢　毅

李云：『下上品。小篆、飛白，寬博敏麗，太宗貴之。』

劉逖、王晏、周顒、虞綽

李云：『劉黄門落花從風，王中玉奇石當徑，彦倫意則甚高，迹少俊鋭，虞綽鋒穎迅健，并爲下中品。』〔一〕

校注

〔一〕劉黄門：劉逖，北齊人，曾任給事黄门侍郎。王中玉：李嗣真《書後品》作「王中書」，按王晏，南齊人，字士彦，王中玉不可解，依前劉黄門，此當以官職稱「王中書」爲是。然詳查《南齊書·王晏傳》未有王晏任中書之記載，而有數次擔任侍中的經歷，應是李嗣真未加詳辯，將「侍中」誤作「中書」，而盛氏又將「王中書」誤抄作「王中玉」。彦倫：周顒，字彦倫。

魏徵

玄成。庾云：「下上品。」〔一〕

校注

〔一〕庾肩吾《書品》品魏徵在下上品。按魏徵，字玄成，乃唐人，庾肩吾爲梁人，故庾肩吾不可能品唐人魏徵，此或庾肩吾誤評，亦或《書品》流傳抄誤。盛熙明未作辨明而踵訛襲謬。

徐浩

季海。唐評：「固多精熟，無有意趣〔一〕。」黄魯直云：「唐自褚、虞後，能備八法者，獨徐會稽與太師耳〔二〕！然會稽多肉，太師多骨。』又云：『往時觀怒猊掘石〔三〕、渴驥奔泉之論，茫然不知何語，乃於季海書中見之。』

校注

〔一〕『意』四庫本、吴抄本皆作『異』，按《書苑菁華》卷五引《唐遺名子吕總續書評》載『無有意趣』。

〔二〕吴抄本『徐』前無『獨』字。徐浩，因封會稽郡公，故士稱之爲徐會稽。太師：顔真卿，官至太子太師，故有此稱。

〔三〕『掘』四庫本、吴抄本作『抉』。猊：狻猊，狮子。牛上士《獅子賦》：『窮汗漫之大荒，當昆侖之南軸，鑠精剛之猛氣，産靈猊之獸族。』

房玄齡

李云：『雕文抱質。』又云：『海上雙鳧。』

鄔　彤〔一〕

唐評：『寒鴉棲林，平岡走兔。』

校注

〔一〕此條吴抄本列於『陸柬之』條後，傅增湘校勘記亦云：『此在陸後。』

陸柬之

其書如馬之齊髦，人不櫛沐〔一〕。張云：『隸、行妙品，章草能品〔二〕，學虞草體，用筆則青出于藍。』唐評：『彷佛可觀，依稀堪擬。』

校注

〔一〕『馬之齊髦，人不櫛沐』語義不通。按《宣和書譜》卷八：『陸柬之，吴郡人也，官至朝散大夫，守太子司議郎。柬之，虞世南甥也，少學舅氏書，多作行字，晚擅出藍之譽，遂將咄逼羲、獻，落筆渾成，耻爲飄颺綺靡之習，如馬不齊髦，人不櫛沐。』『之』當爲『不』之抄誤。櫛沐：梳髮與沐浴。

〔二〕吴抄本『草』後有『書』字。

盧藏用

張云：『行、隸、草能品。』唐評：『露潤花妍，烟凝修竹。』

裴行儉

張云：『行、草俱能品〔一〕。』

校注

〔一〕吴抄本作『行、隸、章草書能品』，按張懷瓘《古賢能書録》裴行儉行書、章草、草書能品，疑脱『章草』二字。

王承烈

張云：『隸、章、行能品〔一〕。』

校注

〔一〕『章』吴抄本作『草』。張懷瓘《古賢能書録》載王承烈隸書、行書、章草能品。

高正臣

張云：『隸、行、草能品〔一〕。』

校注

〔一〕『行草』吳抄本作『草、行』。張懷瓘《古賢能書録》載高正臣隸書、行書、草書能品。

傅玄

張云：『隸能品。』

楊肇

張云：『隸、草能品。』

釋崇簡

唐評：『臨寫逸少，時有亂真。』

蔡隱丘

以下皆唐評〔一〕：『古質放意，自成一家。』〔二〕

韓擇木

『龜開萍葉，鳥散芳洲。』

梁升卿

『驚波往來，巨石前却。』

校注

〔一〕吴抄本『下』後無『皆唐評』，按下文所引皆出自唐人所評。

〔二〕《書苑菁華》卷五引《唐遺名子吕總續書評》：『古質新意，自是一家。』

張庭珪

『古木崩沙〔一〕，閑花映竹。』

校注

〔一〕『崩』原本、四庫本作『奔』，語義不通，按《書苑菁華》卷五引《唐遺名子吕總續書評》作『古木崩沙』，今據吴抄本改。

史惟則

『雁足抉沙〔一〕，深淵魚躍。』右四人皆善八分。

校注

〔一〕『抉』吴抄本作『印』，四庫本作『映』，按《書苑菁華》卷五引《唐遺名子吕總續書評》作『雁足印沙』，疑『印』字爲是。

孫過庭

『隸、行、草能品。』『丹崖絶壑，筆勢堅勁。』

張懷瓘

『繼以章草〔一〕，生意頗多〔二〕。』

校注

〔一〕『以』四庫本作『軌』。
〔二〕《書苑菁華》卷五引《唐遺名子吕總續書評》作『新意頗多』。

史　麟

『逸氣雄鎮，超然不群。』

梁　耿

『錯落魚文〔一〕，縱横鳥迹。』

校　注

〔一〕『魚文』原作『漁父』，語義不通，四庫本作『漁网』，按《書苑菁華》卷五引《唐遺名子吕總續書評》作『錯落魚文』，今據吴抄本改。

張　芬〔一〕

『孤松聳身，弱草垂露。』

校　注

〔一〕四庫本作『張芳』。

房廣

『婉美芬藹，春鶯欲嬌。』

沈益

『春鷺窺魚，秋蛇走穴〔一〕。』

張彪

『孤峰削出，藏筋露節。』

校注

〔一〕『走』吴抄本作『赴』。按《書苑菁華》卷五引《唐遺名子吕總續書評》作『秋蛇赴穴』，疑後世抄誤。

陸曾

『驚波魚躍，深水龍潛〔一〕。』

校注

〔一〕『潛』四庫本作『濯』。

桓夫人

『如快馬入陣，屈伸隨人。』

傅玉

『項羽投戈〔一〕，荆軻執戟〔二〕。』

校注

〔一〕『投』吴抄本作『拔』。

〔二〕『執』吴抄本作『持』，《書苑菁華》卷五引《唐遺名子吕總續書評》作『執戟』。

王紹宗

『筆下流利，快健難方，熟看，轉增美妙。』〔一〕

校注

〔一〕按《墨藪》：『王紹宗，筆下流利，快健難方，就視熟看，轉增妙美。』疑『熟看』前脱『就視』兩字。

程廣

『鴻鵠弄翅，翱翔頡頏。』

張越

「蓮花出水，明月開天。雲散金峰，霞依玉嶺〔一〕。」

校注

〔一〕「雲」吴抄本作「霧」，「霞依」作「雲低」，按《書苑菁華》卷五引《唐評書評》作「雲散金峰，霞低玉嶺」。

蕭誠

「舞鶴交影，騰猨在空。」

韋陟

「蟲穿古木，鳥踏花枝。」

宋　儋

『暮春花發，夏柳枝低〔一〕。』

校　注

〔一〕『夏』吴抄本作『春』。

沈千運

『飢鷹殺心，忍瘦筋骨〔一〕。』

校　注

〔一〕『瘦』吴抄本作『疲』，按《書苑菁華》卷五引《唐遺名子吕總續書評》作『忍瘦筋骨』。

關　操

『淵月沉珠，露花濯錦。』

鄭虔

家貧，于青龍寺拾柿葉學書。評云：『風送雲收，霞催月上。』

李璆

『垂藤着地，枯木如折。』

吴郁

『字體綿密，不謝當時。』

賴文雅

『騰沙鬱霧，翻浪揚鷗。』

賀知章

『縱筆如飛，酌而不竭。』

何昌裔

『子敬餘波，時時可翫。』

宋之問

『天性卓絶，而功未深。』

李　清

『變化自逸，代有斯人。』

玄悟

『骨氣無雙，迥出時輩。』

湛然

『子雲之後，難與比肩。』

《書學纂要》云〔一〕：『慶曆以來〔二〕，惟君謨特守法度〔三〕，眉山、豫章一掃故常，米、薛、二蔡，大出新奇〔四〕。雖皆有所祖襲，而古風蕩然。南渡而後，思陵大萃衆美〔五〕，筋力過婉。吴傅朋規倣孫過庭〔六〕，姿媚傷妍。姜堯章迥脱脂粉，一洗塵俗，有如山人隱者，難登廊廟。』

校注

〔一〕『書學纂要』原作『書法纂要』，四庫本亦同。按《元史》卷九三《藝文》載袁裒《書學纂要》，又蘇天爵編《元文類》（景元至正本）録袁裒《題書學纂要後》，故此當作『書學纂要』，今據吴抄本改。

〔二〕『以來』原作『已後』，四庫本作『以後』，袁裒《題書學纂要後》作『以來』，據吴抄本改。

〔三〕君謨：蔡襄，字君謨。『特』吴抄本作『持』，袁裒《題書學纂要後》作『特』。

〔四〕『新奇』原作『所奇』，語義不通，袁裒《題書學纂要後》亦作『新奇』，今據吴抄本改。眉山：蘇軾。豫章：黄庭堅。米：米芾。薛：薛紹彭。二蔡：蔡京、蔡卞。

〔五〕『衆美』四庫本作『美藴』。思陵：指宋高宗趙構，因其死後葬於永思陵，故有此稱。

〔六〕『朋』原作『用』，按史料中無『吴傅用』，『用』乃『朋』之形誤，今據四庫本、吴抄本改。

右所集評皆據古人之論，始于蒼頡，終于唐人，尚多遺迹〔一〕，博雅君子，其葺正焉。

校注

〔一〕『迹』吴抄本作『逸』，遺迹前後語義不通，『迹』或爲『逸』之形誤。

〔二〕吴抄本『其』前有『幸』字。

辨古

石鼓十〔一〕

史籀書，今在京文廟。薛尚功《法帖》所載，字完於真本，鄭樵音不可信。〔二〕

校注

〔一〕『十』疑『文』之訛誤。《石鼓文》爲東周時秦國石刻，因形似鼓而得名，所鐫刻文字曰石鼓文，共有十塊，每面刻一首四言詩，主要記載遊獵之事，又稱『獵碣』。

〔二〕吾丘衍（又名吾衍）《學古編》：『史籀《石鼓文》。（鄭氏曰：在鳳翔府。宣和間移置東宮。周宣王太史或云柱下史。）薛尚功《法帖》所載，字完於真本多，故不更具。真本在燕都舊城文廟。』按《學古編》成書於大德四年（一三〇〇），而《法書考》成書于至順四年（一三三三）。通過比對文本可知，此章《辨古》篇多抄録《學古編》。歷來《學古編》版本衆多，此以清張海鵬《學津討原》刻本爲準。

延陵君子碑

在鎮江。人謂孔子書。文曰：『嗚呼有矣！〔一〕延陵君子之墓。』按古帖止云『嗚呼君子』而已〔二〕。篆法敦古，今此碑妄增『延陵之墓』四字，除『之』字外，三字是漢方篆，不與前六字合，借夫子以欺後人耳！又音『君』作『季』，漢器『蜀郡』字半邊正與此『君』字同法〔三〕，比干墓有漢篆，亦此法。〔四〕

校注

〔一〕四庫本『有』作『至』，吴抄本『矣』作『吴』。

〔二〕『止』吴抄本作『上』。

〔三〕『字』原作『子』，今據吴抄本、四庫本改。

〔四〕《學古編》：『延陵季子《十字碑》，在鎮江。人謂孔子書，文曰：「嗚呼！有吴延陵君子之墓。」按古法帖上止云「於呼！有吴君子」而已，篆法敦古，似乎可信。今此碑妄增「延陵之墓」四字。除「之」外三字，是漢人方篆，不與前六字合。借夫子以欺後人，罪莫大于此。又且因「君」字作「季」字。漢器蜀郡「洗」字半邊正與此「君」字同用此法也。以「季」字音，顯見其謬。比干墓前有漢人篆碑，亦有此説，蓋洪氏《隸釋》、《漢隸字源》辨之甚明，此不復具。』

詛楚文〔一〕

有巫咸、大沈久（音故）湫、亞（音洿）駞三種，辭則一，乃後人僞作先秦文，以先秦古器比較，全不似。〔二〕

校注

〔一〕戰國時期秦楚大戰前，秦國作以詛咒楚國敗亡的祝文刻石。出土於北宋時期，歐陽修、蘇軾等人均有記載，《古文苑》亦有著録。石共三塊，分别佈告於三位水神：巫咸、大沈厥湫、亞駝。均佚，目前所見的是宋人摹本。

〔二〕《學古編》：『《詛楚文》。（俗云《詛楚文》，李斯篆，在鳳翔府。）有巫咸、大沈攵（音故）湫、涇（音夸）駞三種，辭則一。乃後人假作先秦之文，以先秦古器比較，其篆全不相類，其僞明矣。』

泰山碑〔一〕

李斯書。石皆剥落，惟二世詔一面僅存。〔二〕

校注

〔一〕秦始皇統一天下後，巡行四方，所到之地，刻石紀功，《泰山碑》即其遊歷泰山時所刻。其辭爲四字韻文，字體爲小篆，由李斯撰寫。每石前爲對秦始皇的頌詞，後附秦二世詔。

〔二〕《學古編》：『李斯《泰山碑》。《咸陽志》曰：「《泰山碑》，秦相李斯書，迹妙時古，爲世所重。」鄭文寶模刊石於長安故都國子學，今在文廟。石皆剥落，唯二世詔一面稍見。』

嶧山碑〔一〕

李斯書。直長者真，横列者摹本〔二〕，有新刻尤謬。〔三〕

校　注

〔一〕即《秦嶧山碑》，秦始皇東巡時群臣頌德之辭，至二世時丞相李斯始以刻石。今嶧山實無此碑，而多有傳者，其各有所自。今所傳者，由南唐徐鉉臨寫，其門人鄭文寶重刻，藏於西安碑林。

〔二〕『列』吴抄本作『倒』。

〔三〕《學古編》：『李斯《嶧山碑》。（鄭氏曰：「此頌德碑也。」斯，字通古，上蔡人，秦丞相。）直長者爲真本，横刊者皆摹本。有徐氏門人鄭文寶，依真本式長刊者，法度全備，可近於真。但攸字立人相近，一直筆作兩股。近李處巽於建康新刻，甚謬。』

秦望山碑〔一〕

李斯書。在會稽，今無。〔二〕

校　注

〔一〕秦始皇東巡至會稽，於會稽山望祭，後此山更名爲秦望山，改山所立石碑爲《秦望山碑》，由丞相李斯撰寫，字體爲小篆，現已不存。

〔二〕《學古編》：『李斯《秦望山碑》。在會稽，今無。』

張平子碑〔一〕

崔瑗篆，多用篆法〔二〕，不合《説文》，却可入印。全是漢篆法故也。〔三〕

校注

〔一〕此當爲《河間相張平子碑》，東漢崔瑗作，文中記述了張衡的生平經歷，贊揚了其人品學問。

〔二〕『篆』吴抄本、四庫本作『隸』。

〔三〕《學古編》：『崔瑗《張平子碑》。（瑗，字子玉，安平人，濟北相。碑在鄭州，前後兩段。）字多用隸法，不合《説文》，却可入印，篆全是漢。』

許慎説文〔一〕

十五卷。徐鉉校定本，始『一』終『亥』者正，分韻者非古意。〔二〕

校注

〔一〕許慎《説文解字》是我國第一部系統分析字形及考究字源的字書。按文字形體及偏旁構造分列五百四十部，首創部首編排法。字體以小篆爲主，列古文、籀文等異體爲重文，每字解釋大抵先説字義，次及形體構造及讀音，依據六書解説文字。

〔二〕《學古編》：『許氏《説文解字》十五卷。（慎，字叔重，汝南石陵人，太尉祭酒。）徐鉉校正定本，有新增「入」字。始「一」終「亥」者係正本，分韻川本，乃後人所更，非古人之本意。』

倉頡十五篇

即《説文目録》，五百四十字。許氏分爲每部之首，人多不知，謂久已滅。此字之原，豈得不在。後世又併字目爲十四卷，以十五卷著序表〔一〕，人益不意其存矣。〔二〕

校注

〔一〕『十五』吴抄本作『五十』。

〔二〕《學古編》：『《蒼頡》十五篇。（頡，姓侯剛氏，黄帝史也。亦曰皇頡。）即是《説文目録》五百四十字。許氏分爲每部之首，人多不知，謂已久滅。此爲字之本原，豈得不在。後人又并字目爲十四卷，以十五卷著序表，人益不意其存矣，僕聞之師云。』

新泉銘

李陽冰書最佳。〔一〕

校注

〔一〕《學古編》：『李陽冰《新泉銘》。（陽冰，趙郡人，將作少監。）乃陽冰最佳者，人多以舒元輿之言稱《新驛記》，殊不知此碑勝百倍也。』

碧落碑〔一〕

存絳州〔二〕，字雖多，不合法，然布置美茂〔三〕，自有神氣。當以唐碑觀之。〔四〕

校注

〔一〕此碑係唐高宗咸亨元年（六七〇），高祖李淵第十一子韓王元嘉之子李訓、李誼、李撰、李諶爲其亡母房氏祈福而立，全稱《李訓等爲亡父母造大道尊像》。因立於碧落觀，故得名《碧落碑》。碑文小篆俊秀，書寫特異，筆法工整，佈局嚴峻。

〔二〕『存』吴抄本作『在』。

〔三〕原作『有置美成』，據《學古編》，『有』當爲『布』之形誤，『成』爲『茂』之形誤，今據吴抄本改。

〔四〕《學古編》：『《碧落碑》，在絳州，字雖多，有不合法度處，然布置美茂，自有神氣，當以唐碑觀之。』

古三墳書〔一〕

乃僞書，言詞俗謬，字法非古。《尚書》無『也』字，此書有之。『必』字合從『八戈』，此從『心』加一筆。『走之』合從『辵』（音綽），此隨俗作『之』字引脚。其謬甚多。〔二〕

校注

〔一〕相傳爲伏羲、神農、黄帝之書，但先秦至隋唐經傳未見徵引者，《漢書·藝文志》、《隋書·經籍志》亦未見著録，推測此書當早已亡佚。北宋毛漸忽於民間得之，大抵爲北宋人僞作。包括伏羲《山墳》、神農《氣墳》、黄帝《形墳》，故稱三墳。

〔二〕《學古編》：『《三墳書》，此僞本，大不可信。言詞俗謬，字法非古。《尚書》無「也」字，此書有之。乙戊字合艽几「」，此從心加一筆。「走」字合從「辵」（音悼），此隨俗作之字引脚。其餘頗多。』

古文尚書〔一〕

乃後人不知篆者，以夏竦韻集成，不合古。〔二〕

校注

〔一〕漢時得自孔子故宅壁中的尚書，皆科斗古文，故稱『古文尚書』，共四十六篇，較伏生所傳者多十六篇。

〔二〕《學古編》：『《古文尚書》，係後人不知篆者，以夏竦韻集成。亦有不合古處。若言今古篇次，文法同異，姑存之；言字畫則去之。』

古文孝經

内一篇大謬，後人妄欲作古，以古文字集成，觀者當取其字。〔一〕

校注

〔一〕《學古編》：『《古文孝經》，内一篇大謬，今文無之。後人妄欲作古，以古文字集成者，觀者當取其字。』

泉志

間有泉文，近於道者，可以廣見聞〔一〕。有妄作三皇幣及禹幣〔二〕，不可信〔三〕，『卍』此字人謂『萬』字，乃出古錢，不見此書，終不知也。〔四〕

校注

〔一〕『聞』原作『間』，據吴抄本、四庫本改。

〔二〕『妄』吴抄本作『近』，據《學古編》，當爲『妄』。

〔三〕『可』後原脱『信卍此』三字，今據吴抄本補。

〔四〕《學古編》：『《泉志》，聞有泉文近於道者，可以廣見。又有妄作三皇幣及禹時幣，不可爲信。「卍」此字人謂「萬」字，乃出古錢，不見此書，終不知也。』

六書故〔一〕

戴侗以鐘鼎文編此書〔二〕，不知者喜其字〔三〕，皆有古字，今雜亂無法，鐘鼎偏旁不能全有，却以小篆足之，或一字兩法。『』（音睘）加『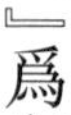』爲寰〔四〕，乃音爲官。『村』字不從『寸木』，今

乃書此爲『村』。『鎊』、『鏟』、『鋫』、『鋸』、『尿』、『屎』等字，皆依俗作〔五〕。鐘鼎文各有詳注〔六〕，『卯』字所解，尤不雅。編首以門類爲次第〔七〕，古法掃地矣。〔八〕

校注

〔一〕南宋文字學家戴侗所作的一部用六書理論來分析漢字的字書，共三十三卷，通釋一卷。戴氏在許慎《説文解字》的基礎上，訂其得失，重新解釋『六書』象形、指事、會意、形聲、轉注、假借的意義。

〔二〕『衕』原作『行』，《學古編》作『戴侗』，形誤，今據吴抄本改。

〔三〕四庫本『喜』前無『不知者』三字。

〔四〕『宀』吴抄本作『山』。

〔五〕『依』吴抄本作『從』。

〔六〕『注』吴抄本作『証』。

〔七〕『編首以門類爲次第，古法掃地矣』四庫本作『編首以門類採，但有數説文悖，却係陽冰變法，「是」字上從「是」，「巳」字從「巳」加點之類』。

〔八〕《學古編》：『戴侗《六書故》。侗以鐘鼎文編此書，不知者多以爲好，以其字字皆有不若《説文》，與今不同者多也，形古字今，雜亂無法，鐘鼎偏旁不能全有，却只以小篆足之。或一字兩法，人多不知。此「[illegible]」（本音罥）加「宀」不過爲「寰」字，乃音作官府之「官」。「村」字從「邨」，不從「寸木」，今乃書此爲「村」，引杜詩「無村眺望賒」爲證，甚誤學者。許慎解字引經，漢時猶篆隸，乃得其宜，今侗亦引經而不精究經典古字，乃以近世差誤等字引作正據。「鎊」、「鍾」、「銐」、「鋸」、「尿」、「屎」等字世俗作鐘鼎文，各有詳注。「卵」字解尤爲不（典），到此，書爲一厄矣！學者先觀古人字書，方知吾言之當。』

薛尚功款識法帖〔一〕

二十卷〔二〕。碑在江州，蜀有翻本，字肥，後多一虺鼎。〔三〕

校注

〔一〕即薛尚功《歷代鐘鼎彝器款識法帖》，二十卷（一説十卷），收銘文五百十一件，搜輯考證所見商、周、秦、漢金石文字，編次并釋文，元初曾歸周密所得，有趙孟頫、柯九思、張雨、周伯琦等名家先後鑒定、觀題，傳世有石刻拓本和木刻本兩種。

〔二〕《學古編》作『十卷』，此書是十卷還是二十卷，學界説法不一。按晁公武《郡齋讀書志》載薛尚功《歷代鐘鼎彝器款識法帖》二十卷，《宋史・藝文志》亦同。陳振孫《直齋書録解題》作『十卷』，卷數互異。

〔三〕《學古編》：『薛尚功《款識法帖》十卷。（尚功，字用敏，錢唐人，僉事、定江軍節度判官廳事。）碑在江州，蜀中亦有翻刻者，字加肥。』

薛尚功重廣鐘鼎韻〔一〕

七卷。江州板〔二〕，内一卷象形奇字，一卷器物名目，五卷韻〔三〕。

校注

〔一〕《學古編》：『薛尚功《重廣鐘鼎篆韻》七卷，江州使庫板，一卷象形奇字，一卷器用名目，五卷韻。』《宋史·藝文志》：『薛尚功《重廣鐘鼎篆韻》七卷。』可知『鼎』後當脱『篆』字。

〔二〕『江州板』吴抄本前有『在』字。

〔三〕『五卷韻』原作『五韻卷』，據《學古編》當作『五卷韻』，今據四庫本、吴抄本作改。

王楚鐘鼎韻〔一〕

兩册。衡州本字少，所出在薛氏前〔二〕。

校注

〔一〕《學古編》：『王楚《鐘鼎篆韻》七卷。（楚，字□□□□人，管衡州露仙觀。）衡州本字少，所出在薛氏前。』又

《郡齋讀書志》、《直齋書録解題》均録「王楚《鐘鼎篆韻》」，故此處當脱「篆」字。

〔二〕「氏」吴抄本作「字」。

石經遺字碑〔一〕

會稽蓬萊閣翻本〔二〕，磨滅，不異真古碑。

校注

〔一〕《學古編》：「《石經遺字碑》。會稽蓬萊閣翻本，破缺磨滅，不異真古碑。今無矣。」吴抄本作「《石經遺字韻碑》」。

〔二〕「閣」原作「閭」，形誤，今據吴抄本改。

徐鍇通釋〔一〕

四十卷。當與許氏本相參，首尾分六書其詳〔二〕，末卷辨陽冰差減。〔三〕

校注

〔一〕『鍇』原作『楷』。《南唐書》卷二：『徐鍇，字楚金。』今據吴抄本改。按徐鍇作有《説文解字繫傳》，《通釋》爲其中重要篇章。《説文解字》流傳至唐朝後，篡改過多，漸失原貌，徐鍇《通釋》爲此書主體，是漢魏六朝後有系統的、比較詳密的《説文解字》注本。

〔二〕『其』四庫本作『甚』。

〔三〕《學古編》：『徐鍇《説文解字繫傳》四十卷。（鍇，字楚金，廣陵人，集賢學士。）嘗與許氏本相參，首卷上部分六書甚詳，末卷辨陽冰差誤。』

張有復古編〔一〕

載古今異文字，不可以爲字少。〔二〕

校注

〔一〕張有《復古編》是據《説文解字》，以辨俗體之訛，以四聲分隸諸字，於正體用篆書，而別體、俗體則附載注中，猶顔元孫《干禄字書》分正、俗、通三體之例。

〔二〕《學古編》：『張有《復古論》二卷。（有字□□，吴興人，湖州有板。）載古今異文字，不可以爲字少。又《五聲韻譜》五卷，比常韻無差。』

張有五聲韻譜〔一〕

五卷。無誤。

校注

〔一〕四庫本『韻』後無『譜』字。

夏竦古文四聲韻

五卷。前有序，并全銜者佳，別有僧翻本，字多無據，且不與款識合，不可用。〔一〕

校注

〔一〕《學古編》：『夏竦《古文四聲韻》五卷。（竦字子喬，江州德安人，樞密使。）前有序，并全銜者好，別有僧翻本者，不可用。此書板多而好看，極不易得。韻内所載字，多云某人字集，初無出處，不可據信，且又不與三代款識相合，不若勿用。然古文別無文字，故前列之。』

高氏五書韻總

五卷。篆、隸、真、行、草五體俱備，可助初學，間有差處。〔一〕

校注

〔一〕《學古編》：『高衍孫《五書韻總》五卷。（衍孫，字□□，四明人。）此書篆、隸、真、行、草一字五體，別體皆作小字，隨體分注，可備初學者用。間有差處，宜自斟酌。』

林罕偏傍小説〔一〕

三卷。言篆與隸相通，源流亦自可採〔二〕，但有數説與《説文》悖〔三〕，却係陽冰變法。『是』字上從『舊』，『巳』字『已』加點之類。〔四〕

校注

〔一〕《學古編》：『林罕《字源偏傍小説》三卷。』《宋史·藝文志》亦同，可知『偏旁』前當有『字源』二字。

〔二〕吴抄本『亦』前無『源流』二字。

〔三〕原『説』後無『與説』二字，語義不通，今據吴抄本補。

〔四〕『舊』吴抄本作『目』。《學古編》：『但有數説與《説文》悖，却係陽冰變法，知之足矣。「是」字上從「日」，「巴」上從「巳」加點之類。』

續千文〔一〕

葛剛正雖近人〔二〕，然字法極好。有兩續本，不可無。別有僞本，不佳〔三〕。

校注

〔一〕《學古編》：『葛剛正《續千字文》。雖是近人，然字法極好。《千文》有兩續本，不可無之。別有陳道士，冒名擬本，不見好處，間有碑刻，惜其不多。』

〔二〕原『葛正則』當爲『葛剛正』之訛誤。葛剛正，字德卿，南宋淳祐年間人。工篆，著有《續千字文》二卷，《墨池編》：『宋葛剛正《續千字文》。』今據吴抄本改。

〔三〕『不』原作『亦』，按《學古編》『別有陳道士，冒名擬本，不見好處』，故當作『不佳』，今據吴抄本改。

漢隸字源

六卷。字法最好，洪氏本有碑目在前。〔一〕

校注

〔一〕《學古編》：『婁機《漢隸字源》六卷。（機，字彦發，嘉興人，參知政事。）字法最好，洪氏本有碑目在前。』

碑本隸韻〔一〕

十卷。劉球編，外一卷《紀源》。〔二〕

校注

〔一〕吴抄本此條在『隸韻』條後，又『本』作『文』。《碑本隸韻》是宋代劉球所編的一部漢隸字典，全書十卷，以楷體爲字頭，計三千二百七十五個，并依韻排列，字頭下輯録兩漢以來廟碑、墓碣、遺經殘石、鐙、鉦、盆、鏡等上的隸字，并分别注明出處。正文前有《碑目》一卷，所引諸碑凡二百六十一種，今已大多不存。

〔二〕《學古編》：『劉球《碑本隸韻》十卷，外一卷《紀源》。』

隸韻

二册。閩中刻本，字體不佳。〔一〕

校注

〔一〕《學古編》：『《隸韻》兩册。麻沙本與《隸韻》爲一副刊，字體不好，以其册數少，乃可常用之，故目此。』

隸釋〔一〕

二十七卷。并《隸續》十卷，通作一部，皆漢碑釋文。《隸續》畫諸碑形及墓壁畫像〔二〕，其碑多圭角，或笏首〔三〕，上有垂虹〔四〕，或題處偏壁〔五〕，畫則如象形黑。〔六〕

校注

〔一〕宋洪适著，共二十七卷，成書於乾道二年（一一六六），著録漢魏隸書石刻文字一百八十三種，是現存年代最早的一部集録和考釋漢、魏、晋石刻文字的專著。

〔二〕『壁』原作『碑』，《學古編》作『壁』，今據吴抄本改。

〔三〕『或』吴抄本作『盛』，下同。

〔四〕『虹』原作『灴』，今據吴抄本改。

〔五〕『偏壁』，據《學古編》作『偏僻』。

〔六〕末句不通，據《學古編》『如』後或脱『影』字，『黑』前疑脱『渾』字。《學古編》：『洪适《隸釋》二十七卷并《隸釋續》二十一卷。（适，字景伯，鄱陽人，左僕射。）皆漢碑釋文。《隸釋續》畫諸碑形及墓壁畫像。其碑多圭首，或笏首，上有垂虹。或題處偏僻，畫則如影像狀，渾黑。』

佐書韻編〔一〕

姑蘇顔氏本，字多而無法。

校注

〔一〕《學古編》：『《佐書韻編》，姑蘇顔氏本，字比諸隸韻爲最多，寫得却不好。』吴抄本『韻』後脱『編』字。

嘯堂集古録〔二〕

一百紙，王俅集也。中有古印文數十。其一曰『夏禹』，係漢巫厭水災法印，世傳度水佩禹字〔三〕。此印乃漢篆，所以知之。又一印曰『孔夫』，誤，昔作『孫兹』二字〔三〕。又有《滕公墓銘》『欝欝』作兩字，書且妄，爲剥落狀。然考之古法，疊字只作二小畫附其下。秦時『大夫』猶以『夫』字加二小畫，况此疊文乎？僞無疑矣。〔四〕

校注

〔一〕宋代金石學家王俅所集，著録了商、周、秦、漢以來青銅器共計三百四十五件，全書分上下兩卷，保留很多宋時可見的青銅銘文，摹刻甚精，具有很高的文獻價值。

〔二〕『禹』原作『萬』，按《學古編》作『禹』，今據四庫本、吴抄本改。

〔三〕『昔』吴抄本、四庫本作『音』，此句語義不通，『誤昔』或『音誤』之訛誤。

〔四〕《學古編》：『王球《嘯堂集古録》二卷。（球，字夔玉。）正文共一百紙，序跋在外，其間有古文印數十。有一曰「夏禹」，係漢巫厭水災法印，世俗傳有渡水佩禹字法，此印乃漢篆，所以知之。又一印曰「孔夫」，音誤是「孫兹」二字。又有《滕公墓銘》「鬱鬱」作兩字書，且妄爲剥落狀。然考之古法，疊字只作二小畫附其下。秦時「大夫」猶只以「夫」字加二小畫，况此疊文者乎？僞無疑矣。』

右古文、篆、隸。

力命、剋捷、宣示帖（鍾繇）〔一〕

校注

〔一〕指鍾繇《力命表》、《賀捷表》、《宣示帖》。『剋捷』疑爲『賀捷』之誤。

樂毅、畫讚、黄庭、霜寒（王羲之）〔一〕

校注

〔一〕指王羲之《樂毅論》、《東方朔畫讚》、《黄庭經》、《霜寒帖》。

洛神賦（王獻之）

曹娥、遺教、羊叔子碑（六朝）〔一〕

校注

〔一〕曹娥：《曹娥碑》，邯鄲淳所作，後亡佚，東晋王羲之又書曹娥碑，此當指王羲之曹娥碑。遺教：《佛遺教經》，又名《佛垂涅槃略説教誡經》，鳩摩羅什譯，東晋王羲之曾書寫此經。羊叔子碑：《晋征南大將軍羊公祜之碑》，簡稱《羊公碑》。

瘞鶴、舊館壇（陶弘景）〔一〕

校　注

〔一〕瘞鶴：《瘞鶴銘》，位於今江蘇鎮江焦山斷崖石上，相傳爲陶弘景所書，刻石年代衆説不一，點畫靈動，字形開張。舊館壇：《許長史舊館壇碑》，爲陶弘景所書，梁朝天監年間立。許長史指許謐，因曾任護軍長史。

千字文

智永書。梁武帝得羲之千字，令周興嗣次之。自爾書家每以是爲程課。智永嘗寫八百本，謂以千文經心則手自應〔一〕，手和心得，可與入道。

校　注

〔一〕『文』吴抄本、四庫本作『字』。

孔子廟（虞世南）〔一〕

校注

〔一〕指虞世南《孔子廟堂碑》。

醴泉、化度、虞恭公、皇甫碑（歐陽詢）〔一〕

校注

〔一〕指歐陽詢《九成宫醴泉銘》、《化度寺碑》、《虞恭公碑》、《皇甫誕碑》。

哀册、聖教（褚遂良）〔一〕

校注

〔一〕指褚遂良《文皇哀册》、《雁塔聖教序》。

郎官（張旭）〔一〕

校注

〔一〕指張旭《郎官石柱記序》。

麻姑壇、放生池、中興頌（顏真卿）〔一〕

校注

〔一〕指顏真卿《麻姑仙壇記》、《放生池碑》、《大唐中興頌》。

陁羅尼（柳公權）〔一〕

校注

〔一〕現存柳公權書法作品無『陁羅尼』，而歐陽詢有小楷《佛説尊勝陁羅尼咒》，或指此書。

右真書。

丙舍、吴人、羸頓、雪寒、長風（鍾繇）〔一〕

校注

〔一〕指鍾繇《墓田丙舍帖》、《吴人帖》、《羸頓帖》、《雪寒帖》、《得長風帖》。

蘭亭、極寒、毒熱、慈蔭、官奴、晚雪、來禽、奉橘、快雪（羲之）〔一〕

校注

〔一〕蘭亭：《蘭亭序》。極寒：《極寒帖》。毒熱：《晚復毒熱帖》。慈蔭：王羲之有《慈顔帖》，而無《慈蔭帖》，『蔭』疑爲『顔』之誤。官奴：《官奴帖》。晚雪：疑指王羲之《送梨帖》，其中有『今送梨三百。晚雪，殊不能佳』句。來禽：《來禽帖》。奉橘：《奉橘帖》。快雪：《快雪時晴帖》。

地黄、歲終、衛軍、授衣、阿姨、鵝群、歲盡、夏日、奉對、思戀、天寶、吴興、山陰、黄門、東家、轉勝、相過、鵝還、觸事、夏節、恨深、黄者、碧石、駱驛、月内、尊體（獻之）〔一〕

校注

〔一〕地黄：《地黄湯帖》。歲終：《歲終帖》。衛軍：《衛軍帖》。受衣：《授衣帖》，吴抄本脱。阿姨：《阿姨帖》。鵝群：《鵝群帖》。歲盡：《歲盡帖》。夏日：《夏日帖》。奉對：《奉對帖》。思戀：《思戀帖》。天寶：《天寶帖》。吴興：《吴興帖》。山陰：《山陰帖》。黄門：《黄門帖》。東家：王獻之有《東山松帖》，又名《東山帖》，『家』疑爲『山』之訛誤。轉勝：《轉勝帖》。相過：王獻之有《相迎帖》，而無《相過帖》，『過』疑爲『迎』之誤。鵝還：《鵝還帖》。觸事：《觸事帖》。夏節：《夏節帖》。恨深：當爲《廿九日帖》，有『廿九日獻之白：昨遂不奉，恨深』句。黄者：王獻之有《服黄耆帖》，而無《黄者帖》，『者』疑爲『耆』之形誤。碧石：《碧石帖》。駱驛：當爲《嫂等帖》，有『知彼駱驛有書』句。月内：疑指王獻之《極熱帖》，其中有『敬惟府君此月内得書』句。尊體：《不審尊體帖》。

八月五日（謝安）〔一〕

校注

〔一〕指謝安《八月五日帖》。

枯樹賦、星霜（褚遂良）〔一〕

校注

〔一〕星霜：疑指褚遂良《山河賦》，其中有『山河阻絶，星霜變移』句。

嶽麓、娑羅樹、雲麾、東林寺（李邕）〔一〕

校注

〔一〕指李邕《嶽麓寺碑》、《娑羅樹碑記》、《雲麾將軍碑》、《東林寺碑》。

玄静先生碑（張從申）〔一〕

右行書。

校　注

〔一〕玄静先生碑：全稱《唐茅山紫陽觀玄静先生碑》，唐代宗大曆七年（七七二）八月十四日刻，由柳識撰文，張從申書丹，李陽冰篆額。

十七帖（羲之）〔一〕

校　注

〔一〕唐太宗李世民集所藏王羲之草書書札二十八通，付弘文館摹刻，居首一帖以『十七』二字開端，故稱『十七帖』。雄健疏放、氣象超逸，爲王羲之草書作品最負盛名者，歷代均取作草書範本。

千文（張旭）〔一〕

校注

〔一〕張旭《斷千字文》。

自叙、千文（懷素）〔一〕

校注

〔一〕懷素《自叙帖》、《千字文》。

右草書。

以上并舉其要，必所當究者。若欲名家，尤以博覽爲貴。

絳帖評（姜堯章作，審訂深妙）〔一〕

校　注

〔一〕一作《絳帖平》，姜夔撰，《文獻通考》稱有二十卷，今存六卷。《絳帖》與《淳化閣帖》、《潭帖》并稱爲三大名帖，《絳帖評》是對《絳帖》的鑒賞或評論。

稧帖偏傍考（堯章作）〔一〕

校　注

〔一〕此書已佚。

法帖譜系〔一〕

校注

〔一〕宋曹士冕撰，二卷，成於宋代淳祐五年（一二四五年）。曹士冕將平生所見宋代刻本匯帖列成譜系，首冠譜系圖。前有自序，後附董史跋。

翰墨志〔一〕

校注

〔一〕宋高宗趙構撰，一卷，又名《評書》，凡二十二則，匯輯平日論書札記而成，多有精微之言。

法帖刊誤〔一〕

校注

〔一〕宋黄伯思撰。初，米芾取《淳化閣帖》，一一評其真僞，多以臆斷，罕所考證。黄伯思復取米芾之所論，重爲訂正，以成此書。

元章書史〔一〕

校注

〔一〕米芾，字元章，作《書史》，是一部評論前人墨迹的專書，始自兩漢，迄於五代，皆以目睹爲斷，凡印章、跋尾、紙絹、裝褙等，均記載詳盡。

法書考卷之二　字　源

圖書既出，書道尚矣。固知文字之始，非特倉頡也。後世作者，皆乘時而增損之。然宇内萬國，文字各異〔一〕，其源未能詳詰也。嘗覽竺典云：『造書之主凡三人：曰梵，曰伽盧，曰倉頡。梵者，光音天人也，以梵天之書，傳於印土〔二〕，其書右行。伽盧創書于西域，其書左行，皆以音韻相生而成字。諸蕃之書，皆其變也。其季倉頡居中夏，象諸物形而爲文，形聲相益以成字，其書下行，未知其説果何所據也？因而考之，蓋西方以音爲母，華夏以文爲基。諸國之風土語音既殊，而文字遂亦各異。泝流窮源，其法似不出乎此三者也。嗚呼！制書以載言，因言以達意，意苟相符則言可忘，言假以傳而書非定法。古之至人，由其習俗之殊，隨宜而制作，雖東西各源而傳理實一。古今變遷而華質靡常，夫豈人力所能及哉？今以華、梵創書之旨，列之于篇。

校　注

〔一〕『各』吴抄本作『皆』。

〔二〕『印』四庫本作『邛』。

梵音

梵者不囉麻也，合而言之爲梵，此云光音天也〔一〕。其字之母凡五十，曰悉曇章〔二〕，此云能成諸義也。其中十六字爲轉聲之範，三十四字爲五音之祖〔三〕，或一或二或三，至於聯載互合，而有輕、重、清、濁、非清、非濁等聲，其詳見於《天竺字源》〔四〕，今存其母如左：

校注

〔一〕光音天：佛教語，色界諸天之一，二禪天之第三天。此天絶音聲，以光爲語言，故名，亦泛指二禪天。

〔二〕悉曇：一種梵字字母，乃記禄梵語所用書體之一。

〔三〕『四』吴抄本作『五』。

〔四〕全稱《景祐天竺字源》，七卷，北宋景祐二年（一〇三五）惟浄、法護等撰，分類梵字，解明音義。首先略解十二轉聲、三十四字母、五音及生字之意義，其次立四章廣分別之。所出之梵字異於一般悉曇字，近於尼波羅梵夾之文體。

十六聲者

遏　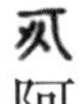阿引　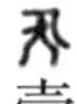壹　醫引〔一〕　嗢　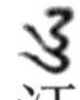汙引　哩　梨引〔二〕

魯　盧引〔三〕　伊　愛引　鄔　興引　暗　惡緊

右依天竺聲，明《字源》及諸教中有十六轉聲〔四〕，今所傳者，去其中第七、第八、第九、第十之四字，唯有十二轉聲者，蓋以此四聲，已在第三、第四二聲中所統也。

校注

〔一〕『醫引』吴抄本作『翳引』。

〔二〕吴抄本『暗』在『梨引』前。

〔三〕『盧』後有『引』字。

〔四〕『諸』吴抄本作『語』。

三十四母分爲五音者

牙音　葛　渴　（吽，五割切）　竭〔一〕　誐

齒音　（撈，去末切）〔二〕　（擦，七蜀切）　（惹，仁左切）　（嵯，昨阿切）〔三〕　（倪，倪也切）

舌音　（哳，陟轄切）　（詫，丑轄切）　（疕，尼轄切）　荼　拏

怛　（撻，他達切）　捺　達　那　喉音

鉢　發　末　婆　麻　脣音

耶　（囉，歷加切）　羅　囀　設

沙　薩　訶〔四〕　刹　以上融、喉二音

校注

〔一〕吴抄本『誐』在『竭』之前。

〔二〕『去末切』吴抄本作『去不切』。

〔三〕『嵯，昨阿切』吴抄本作『［穴差］，昨何切』。

〔四〕『訶』吴抄本作『詞』。

斯乃音韻之祖，因之配合而生，生無窮焉。其土有五，天竺文字稍異，獨以中天竺爲正，削竹爲筆，以貝多樹葉爲紙。其書廣有六十四種，名載釋書，茲不復詳〔一〕。按漢明帝時，摩騰竺法蘭自西域來，以白馬負至四十二章梵夾始通于中國。自唐以來，漸布中外。如古文奇字，鮮能解者，方今聖教遠被〔二〕，重譯來朝，遂得親聞呼吸之正，研究傳寫之訛，車書會同，無以加矣。惟我皇元兆基朔方，俗尚簡古，刻木爲信，猶結繩也。既而頗用北庭字書之羊革〔三〕，猶竹簡也。蓋天將徽世以復古，奄有中夏，未遑於制作，乃詔國師拔思巴采諸梵文，創爲國字，其母四十有三。

葛　渴　哘　誐　者　車　遮　倪　怛　撻

達　那　鉢　癹　末　麻　摻　捺〔一〕　惹　嚩

若　薩　阿　耶　囉　羅　設　沙〔二〕　訶　啞

伊　鄔　醫〔三〕　汚　（遐，重呼）〔四〕　霞　法　法〔五〕　惡　也

咼　（耶，輕呼）〔六〕

校注

〔一〕『兹』吴抄本作『并』。

〔二〕『聖』原作『聲』，此當音近而誤，今據吴抄本改。

〔三〕『革』吴抄本作『草』。北庭：原指北匈奴的朝庭，後轉爲對北匈奴居住地的泛稱。《後漢書·班固傳》：『會南匈奴掩破北庭，固至私渠海，聞虜中亂，引還。』

校注

〔一〕『捺』吴抄本作『攃』。

〔二〕『沙』吴抄本作『少』。

〔三〕『醫』吴抄本作『翳』。

〔四〕吴抄本無『呼』字。

〔五〕吴抄本無『法』條。

〔六〕吴抄本無『呼』字。

右借漢字釋音，并開口呼之。（漢字母内則去[illegible]、[illegible]、[illegible]三字，而增入[illegible][illegible][illegible][illegible]四字〔一〕，切韻多本梵法，字勢方古嚴重。）凡詔、誥、表、章，鴻文大册，并以書焉。

謹按諸蕃文字，雖變遷各殊〔二〕，然其音韻莫不祖述梵音。故今曰梵音，而不曰梵書者，以其音律交合而成字，載音以導意，非若華文有六義也。鄭樵嘗言：梵字有象形，乃其臆説耳！字母者，猶倉頡之古文也，其音韻會合而成字，猶古文滋孕而成篆也〔三〕，其轉變而爲諸蕃之書者，亦猶行草分隸之變也〔四〕。

校注

〔一〕『亘乃不山』吳抄本作『亞孔丆山』。

〔二〕『殊』四庫本作『異』。

〔三〕『滋』吳抄本作『孳』。

〔四〕『猶』四庫本作『由』。

華文

庖犧氏之王天下也，仰則觀象於天，俯則觀法於地，視鳥獸之文與地之宜〔一〕。近取諸身，遠取諸物，於是始作八卦，以垂憲象。及神農氏結繩爲治，以統事務。繁飾既萌，易以書契，百工以乂，萬民以察，蓋取諸夬〔二〕。自倉頡創始，以迄五帝三皇之世，改易殊體，封於泰山者七十有二代，靡有同焉。其書總有六義：一曰指事，視而可識，察而可見，『上』、『下』是也（在上爲上，在下爲下）；二曰象形，畫成其物，隨體詰詘，『日』、『月』是也（日滿月虧，效其形也）；三曰形聲〔三〕，以事爲名，取譬相成，『江』、『河』是也〔四〕（以類爲形，配以聲也）；四曰會意，比類合誼〔五〕，以見指撝〔六〕，『武』、『信』是也（止戈爲武，人言爲信）；五曰轉注，建類一首〔七〕，同意相受，『考』、『老』是也（以老受考也）；六曰假借，本無其字〔八〕，依聲託事〔九〕，『令』、『長』是也（數言同字，其聲雖異，文意一也）。至周宣王〔十〕，太史籀著《大篆》十五篇〔十一〕，與古文或異〔十二〕。至孔子書六經，左丘明述《春秋傳》，皆以古文。其後諸侯力政，不統于王，分爲六國，制度各異。秦始皇初并天下，丞相李斯乃奏同之，罷其不與秦文合者。斯乃作《倉頡篇》，中車府令趙高作《爰歷篇》，太史令胡毋敬作《博學篇》〔十三〕，頗省改古法，爲小篆焉。至于焚書坑儒，典謨滌盡，工獄事繁〔十四〕，變隸趣約，而古文由此絶矣。是時有八體：一曰大篆，二曰小篆，三曰刻符，四曰蟲書（即鳥書，以書幡信），五曰摹印，六曰署書，七曰殳書（隨殳體八觚而書之也），八曰隸書。衛恒曰：王莽時，甄豐定古文，復有六種。一曰古文，孔氏壁中書也。二曰奇字〔十五〕，即古文而異者也。三曰篆書，秦篆是也。四曰佐書，即隸書也。五曰繆書，所以摹印也。六曰鳥書，所以書幡信也。

校注

〔一〕『文與』吴抄本作『方輿』。

〔二〕『諸央』語義不通，疑爲『諸史』之訛誤。

〔三〕『行』吴抄本、四庫本作『諧』。

〔四〕『河』四庫本作『湖』。

〔五〕『誼』吴抄本作『義』。

〔六〕『撝』吴抄本作『揮』。

〔七〕『建』四庫本作『連』。

〔八〕『字』吴抄本作『事』。

〔九〕『託』四庫本作『記』，『事』吴抄本作『字』。
〔十〕吴抄本『王』後有『時』字。
〔十一〕『十五』吴抄本、四庫本作『十』，《漢書・藝文志》：『《史籀》十五篇。』顔師古注：『周宣王太史作《大篆》十五篇。』
〔十二〕吴抄本『與』前有『互』字。
〔十三〕『博』原本、四庫本作『傳』，今據吴抄本改。
〔十四〕『繁』四庫本作『煩』。
〔十五〕『字』原作『事』，據吴抄本、四庫本改。

張懷瓘《十體書斷》（各附諸家之論）

古文者，黄帝史倉頡所造也。頡四目通神明，仰觀奎星圓曲之勢，俯察龜文鳥迹之象。博採衆美，合而爲字，是曰古文。夫文字總而爲言，包意以名事也。分而爲義，則文者祖父，字者子孫，得之自然，備其文理象形之屬，則謂之文；因而滋蔓，母子相生，形聲、會意之屬，則謂之字。字者，言孳乳浸多也，題之竹帛，謂之書。書者，如也，舒也，著也，記也。著明萬事，記往知來，名言諸無，宰制群有也。三代以來，咸用之。秦用小篆，焚燒先典，古文絶矣。漢文時，秦博士伏勝獻《古文尚書》，時又有魏文侯樂人竇公〔一〕，年二百八十歲，獻《古文樂書》一篇。武帝時，魯恭王壞孔子宅〔二〕，壁間得《孝經》、《尚書》等書〔三〕。宣帝時，河南女子壞老子屋〔四〕，得古文二篇。晉咸寧五年，汲郡人盜發魏安釐王塚，得册書千餘萬言〔五〕，其書隨世已變數體。周幽王時又有古文者〔六〕，今汲塚書中多有是也〔七〕。滕公塚内得石銘〔八〕，人無識者，惟叔孫通云凡科斗書也〔九〕。科斗者，上古之別名也〔十〕。

吾衍《學古編》云：『科斗爲字之祖，象蝦蟇子形，或巧畫形狀，失本意矣。上古無筆墨，以竹挺點漆，書竹木上，竹剛漆膩，畫不能行〔十一〕。故首重尾輕，似其形耳。』

校注

〔一〕『人』吴抄本作『工』。

〔二〕『恭』吴抄本作『共』。魯恭王爲西漢景帝之子劉餘，初爲淮陽王，吴楚七國之亂平後，遷爲魯王。謚號『共』，一作『恭』。

〔三〕『間』吴抄本作『中』。

〔四〕『屋』吴抄本作『宅』。

〔五〕『册』四庫本作『丹』。

〔六〕吴抄本『有』後有『省』字。

〔七〕『塚』四庫本作『冢』。

〔八〕吴抄本無『内』字。

〔九〕『凡』吴抄本作『此』。

〔十〕吴抄本『上』前有『即』字。

〔十一〕原本脱『畫』字。《學古編》：『竹硬漆膩，畫不能行。』今據吴抄本、四庫本改。

大篆者，周史籀所作也。或云柱下史始變古文，或同或異，謂之篆。篆者，傳也。傳其物理，施之無窮。漢《藝文志》史籀十五篇，并此也。以史官製之，用以教授，謂之史書，凡九千字，秦趙高以教胡亥。又漢元帝遵嚴延年〔一〕，并工史書是也。秦焚書，惟《易》與《史》篇得全〔二〕，《吕氏春秋》云：『倉頡造大篆，非也。』《學古編》云：『款識文者，諸侯本國之文也。古者，諸侯書體各異，秦始一其法，世或以款識雜篆書，一篇之上〔三〕，齊楚不分，人莫知其謬。』

學篆博覽古器，真款識中古字，神氣散朴，可以助人。亦知象形、指事、會意，筆未變之妙也〔四〕。凡作篆乏氣象〔五〕，良以未嘗博古故也，善見模文〔六〕，終不及古。

校注

〔一〕『帝遵』原本、四庫本作『年王遒』，語義不通，今據吴抄本改。

〔二〕『惟』、『與』吴抄本顛倒。

〔三〕『上』吴抄本作『主』。

〔四〕『筆』吴抄本作『等』。
〔五〕『乏』吴抄本作『之』。
〔六〕『善見』吴抄本作『若夫』。

籀文者，史籀所作也。與古文、大篆小異，後人以名稱書，謂之籀文。《七略》曰：『即周時史官教學童書也，與孔壁古文異體，即奇字也。其迹則石鼓文存焉。』《學古編》云：『李斯既作小篆，遂以籀文爲大篆。篆法，匾者最佳，謂之蝸（音果）匾。徐鉉謂非老手莫能到，石鼓是也。』

小篆者，秦相李斯所作也〔一〕。增損大篆、籀文，謂之小篆，亦曰『秦篆』。始皇二十年，始并六國。斯時爲廷尉，乃奏罷不合秦文者，於是天下行之。畫如鐵石，字若飛動，作楷、隸之祖，爲不易之法。其銘題鐘鼎及作符節，至今用焉。斯雖草創，遂造其極矣。《學古編》云：『漢篆多變古法，此許氏作《説文》以救失也〔二〕。必先通此，則寫無謬。又當考《通釋》，然字有今古不同〔三〕，《説文》頗廣，當先熟《復古編》〔四〕，大概得矣。』

初學篆時，當虚手心，伸中指，并二指於几上虚畫，如此流便，方可操筆。操筆必須单鈎，却伸中指在下夾襯，方圓平直，無不可意矣。世多不得師傳，故字多欹斜，勢不活動。若篆大字當虚腕懸筆，腕著紙即不活，以紙筒櫻櫚爲筆者〔五〕，非士大夫所爲也。

小篆一也，而各有筆法。李斯方圓廓落〔六〕，陽冰圓活姿媚。徐鉉如隸無束脚〔七〕，字下如釵股稍大。鍇如其兄，但字下爲玉筯微小耳。崔子玉多用隸法，似乎不精，然甚有漢意〔八〕。陽冰多非古法，蓋效子玉也。小篆世喜長，然不可過〔九〕。但以方楷一字半爲度，一字爲正體，半字爲垂脚〔十〕，豈不美茂？或有不可者，當以正脚爲主，餘略收短，如幡脚可也。字有下無垂脚者〔十一〕，如『生』『甘』『之』等字，却以上枝爲出，如草木之爲物，正生則上出枝，倒懸則下出枝〔十二〕。凡寫匾額〔十三〕，畫宜肥，體宜方，碑蓋同此〔十四〕，但以小篆爲正，不用雜體。凡□中字不可填滿，但如井斗中著一字〔十五〕，任其空〔十六〕，可放垂筆，方不覺大，圈比諸字，亦須略收〔十七〕，□不可圓，亦不可方，只以炭塹範子爲度自好〔十八〕，如『日』、『月』等字〔十九〕，須略放小也〔二十〕。凡篆中包一二畫〔二十一〕，如『日』、『月』之類。若初一字内，畫不與兩傍相連，後皆如之，首尾一法。若或接或否，各不同者，非法也。又用圓圈及圓點，小篆無此法，古文有之。口字不可作三角形，凡鐘鼎、古文錯雜爲用，無迹爲當。但以小篆法寫之，自然一法，此雖易求，却難雜記，不熟其法，未免如百衲衣，爲識者笑。此爲逸法正用，廢此可也。

校　注

〔一〕吴抄本『相』前有『丞』字。

〔二〕吴抄本『救』後有『其』字。

〔三〕『今古』吴抄本、四庫本作『古今』。
〔四〕《復古編》，宋代張有撰，二卷，據《説文解字》以辨俗體之訛。
〔五〕吴抄本無『樓樃』二字。
〔六〕『圓』原作『員』，四庫本作『圖』，語義不通，今據吴抄本改。
〔七〕『東』四庫本、吴抄本作『垂』。
〔八〕『甚』吴抄本作『意』。
〔九〕『然』原作『善』，今據吴抄本、四庫本改。
〔十〕『字爲』原作『爲字』，今據吴抄本、四庫本改。
〔十一〕『下』原本、四庫本作『一』，今據吴抄本改。
〔十二〕吴抄本『枝』後有『耳』字。
〔十三〕『匾』原作『扁』，今據吴抄本、四庫本改。
〔十四〕吴抄本『碑』前有『圖』字。
〔十五〕『著』吴抄本作『者』。
〔十六〕『任』吴抄本作『垂』。
〔十七〕『須』原作『復』，今據吴抄本、四庫本改。
〔十八〕炭墼：用炭末和泥土擣緊所製成的塊狀燃料，可用來燃燒取暖。
〔十九〕『如』吴抄本作『好』。
〔二十〕『略』原本、四庫本作『更』，今據吴抄本改。

〔二十一〕『畫』原作『盡』，此當形誤，今據吳抄本改。

八分者〔二〕，秦羽人上谷王次仲所作也。王愔云：『次仲以古書方廣，少波勢。建初中，以隸草作楷法，字方八分，言有模楷。』蕭子良云：『靈帝時，王次仲飾隸爲八分。』且靈帝之前，工八分者非一，而云方廣，殊非隸書，既言古書，豈得稱隸？若驗方廣，則篆籀有之，變古爲方，不知其謂也。《序仙記》云：『王次仲，上谷人，少有異志，年未弱冠，變倉頡書爲今八分。始皇時官務煩多，得次仲文簡略赴急疾之用，甚喜。遣使三徵不至，始皇大怒，制檻車送之於道，化爲大鳥，翻然長引，落二翮，今爲大翮、小翮山，山上立祠，水旱祈焉。』蔡邕云：『次仲初變古體，即效程邈隸也。小篆古形猶存其半，八分已減小篆之半，隸又減八分之半，本謂之楷書，楷，法也，式也，模也。』或云：『後漢亦有王次仲，爲上谷太守。楷隸初制，大範幾同，故後人惑之。時人用寫篇章法令，亦謂之章程書，故梁鴻云鍾繇善章程書也，且二不善於八分，唯伯喈造其極焉。』

訣云：『本於篆法，學如真書，但變隼尾、擊石二波也。』吾衍云：『八分者，漢隸之未有挑法者也，比秦隸則易識，比漢隸則微似篆，若用篆筆作漢隸，即得矣。八分與隸多不分，故言其法。』又云：『隸書人謂宜匾，殊不知妙不在匾，括曰方勁古拙，斬釘截鐵，備矣。挑拔平硬如折刀頭，方是漢隸，隸法頗寬，姑具其略。』

校注

〔一〕自『八分者』至下文『又一字之（體率有多變）』原脱，今據吴抄本補。

隸書者，秦下邽人程邈所造也。始爲獄吏，得罪始王〔二〕，幽繫雲陽獄中，覃思十年，易大小篆方圓而爲隸書三千字〔三〕，奏之，始皇善之，用爲御史。以奏事繁多，篆書難成，乃用隸字，以爲隸人佐書，故曰隸書，亦曰佐書。案八分乃小篆之捷，隸亦八分之捷。漢陳遵善書，後鍾元常、王逸少各造其極焉。

《宣和書譜》云：『有人發臨淄塚，得齊太公六世孫胡公棺，上有字同今隸。按胡公先始皇四百餘年，何爲已有隸法？豈是書原與篆隸相生〔三〕，特未行於時耶？若邈者，豈知此體上之以解雲陽之難耳〔四〕！』

《字源》云：『隸有秦漢之分。秦隸者，程邈以文牘繁多，難於用篆，因減小篆爲便用之法。故不爲體勢。若漢款識篆字相近，非有挑法之隸也。即是秦權量上刻字，世多以爲篆者，誤也。漢隸者，蔡邕石經及漢諸碑上字是也。此體爲最後出，皆有挑法，與秦隸同名而實異也。』〔五〕

姜堯章云：『真書以平正爲善，此世俗之論，唐人之失也。古今真書之妙，無出於鍾元常，其次則王羲之。二家之書，皆蕭洒縱横，何拘平正？良由唐人以書判取士，而士大夫字頗

有科舉習氣，顏魯公作干禄書，是其證也。矧歐、虞、顏、柳前後相望，故唐人下筆應規入矩，無復晉魏飄逸之氣矣。』〔六〕

竊謂真書又隸之變，而以形勢布置采色爲度。懷瓘《論十體》而真書不與焉，豈以隸爲真書耶？故以堯章真書之論附云。

校注

〔一〕『始王』，按张怀瓘《十體書斷》作『始皇』，『王』疑爲『皇』之誤。

〔二〕『易』，张怀瓘《十體書斷》作『益』。

〔三〕『隸』，《宣和書譜》作『籀』。

〔四〕雲陽之難：初，程邈因罪而繫雲陽獄中，覃思十年，變篆爲隸，得三千字，一日上之，秦始皇稱善，釋其罪，故稱解雲陽之難。

〔五〕此段摘引自吾丘衍《字源七辨》。

〔六〕此段摘引自姜夔《續書譜》。

章草者，漢元帝時史游作急就章，解散隸體，麤書之，漢書簡堕，漸以行之，是已損隸規矩，縱任奔逸，因草創義，謂之草書，惟君長告令臣下則可。後海北漢劉穆〔一〕，始善書之，至建初中，杜度善草，見稱於章帝。上貴其迹，詔使草書上事。魏文帝亦令劉廣通上事。蓋因章奏，後世謂之章草。惟張伯英造其極焉，章草即隸書之捷，草亦章草之捷也。

訣云：『章草、草具隸字，八分謹嚴如真，用其一趯二波也。』

校注

〔一〕此句語義不通，張懷瓘《十體書斷》作『後漢北海敬王劉穆』，當是抄誤。

行書者，後漢潁川劉德昇所作也。即真書之少僞，務從簡易，相間流行，故謂之行書，昔鍾元常善行狎書是也。爾後羲、獻并造其極焉。獻之常白父云：『古之章草，不能宏逸，頓異真體，合窮撝運之理，極草縱之致，不若於稾行之間，於往法固殊也，大人宜改體。』觀其騰煙煬火，則回祿喪精；覆海傾河，則玄冥失御。天假其魄，非學之功。若逸氣縱橫，則羲謝於獻；若簪裾禮樂，則獻不繼羲。雖諸家之法悉殊，而子敬最爲遒拔〔一〕。故得之者，先本於天然，次資於功用。而善學者，乃學之於造化，異類而求之，固不取乎似本，而各挺之自然。〔二〕

訣云：『行筆而不停，著紙而不離，輕轉而重按，如水流雲行，無少間斷，永存乎生意也。』

姜堯章云：『晋魏行書，自有一體，與草不同，大率變真以便揮運而已。草出於章，行出於真，雖曰行書，各有體縱，復晋代諸賢，亦莫不相遠。《蘭亭記》及右軍諸帖第一，謝安、大令諸帖次之。大要以筆老爲貴，少有失誤，亦可暉映。所貴濃纖間出，血脉相連，筋骨老健，風神洒落，姿態具備。』〔三〕

校注

〔一〕『𣊫』字不可解，按張懷瓘《十體書斷》作『最』，當是抄誤。
〔二〕此段略摘引自張懷瓘《十體書斷·行書》。
〔三〕此段略摘引自姜夔《續書譜》。

飛白者，漢左中郎將蔡邕所作也。王隱、王愔并云：『飛白變楷製，以題署，勢勁字輕微不滿，名曰飛白。』王僧虔云：『飛白，八分之輕者。』皆不言所起。按靈帝熹平中，蔡邕作《聖皇》篇成，待詔鴻都門下，見役人方脩飾，以堊箒成字，心有悦焉，歸而爲飛白之書。漢末魏初，并以題署宫闕。其體創法於八分，窮微於小篆，可謂勝寄冥通，緲綜神仙之事也。爾後羲、獻并造其極。衛恒祖述飛白而造散隸，開張隸體，微露其白，拘束於飛白，蕭洒於隸書，處其季仲之間也。梁武帝謂王獻之書白而不飛，蕭子雲書飛而不白，宜斟酌，令得其衷。後子雲以篆文爲之，雅合帝意。雖創法於八分，實窮微於小篆，其後歐陽脩得焉。〔一〕

校注

〔一〕此段略摘引自張懷瓘《十體書斷·飛白》，按《十體書斷》『歐陽脩』作『歐陽詢』，『脩』當爲『詢』之誤。

草書之先，因起於草。自杜度妙於章草，崔瑗、崔寔父子繼能，羅暉、趙襲亦法此藝。與張芝相善，因而變之，以成今草，轉精其妙，字之體勢一筆而成，偶有不連而血脉不斷。及其連者，氣候通其隔行。惟王子敬明其深旨，故行首之字往往繼前行之末，世稱『一筆書』，首自張伯英也。〔一〕

衛恒曰：『漢興有草書，不知作者姓名。章帝時，齊相杜度，號善爲草。後有崔瑗、崔寔，亦皆稱工。杜氏結字甚安，而書體微瘦；崔氏甚得筆勢，而結字小疎。弘農張伯英，因而轉精甚巧，凡家之衣帛，必書而後尺〔二〕，寸紙不見遺，韋仲將謂之「草聖」。伯英弟文舒者，次伯英，又有姜孟穎、梁孔達、田彦和及韋仲將之徒，皆伯英弟子，有名於世，殊不及文舒也。』〔三〕

姜堯章云：『草聖之體，如人坐卧行立，揖遜忿争乘舟躍馬，歌舞擗踴〔四〕，一切變態，非苟然者。又一字之體〔五〕，率有多變，有起有應，如此而起者，當如此應，各有義理。王右軍書「義之」字，「當」字，「得」字，「深」字，「慰」字，最多多至數十字，無有同者。然而未嘗不同也，可謂所欲不踰矩矣。凡學草書，先當取法張芝、皇象、索靖等章草，而結體平正，下筆有源。然後倣右軍，申之以變化，鼓之以奇崛，若泛學諸家〔六〕，則字有工拙（云云，見前）〔七〕，筆多失誤，當連者反斷，當斷者反續，不識向背，不知起止，不悟轉換，隨意用筆，任筆賦形，失誤顛錯，反爲新奇。自大令以來，已如此矣，況今世哉？然而襟韻不高，記憶雖多，莫洗塵俗。若使風神蕭散，便當過人。自唐以前，多是獨草不過兩字，後世相聯屬數十字而不斷〔八〕，號曰「遊絲」。此雖出於古人，不足爲法，更成大病。古人作草（云云，見前）〔九〕，如今人作真，何嘗苟且其相連處，特是引帶，嘗考其字〔十〕，是點畫處皆重，非點畫處偶相引帶，其筆皆輕。雖復變化多端，未嘗亂其法度。張顛、懷素最號野逸〔十一〕，而不失此法，近代山谷〔十二〕，自謂得長沙三昧〔十三〕，自是又一變矣。流至於今，不可復觀。』〔十四〕

唐太宗云：『行行若縈春蚓，字字若綰秋蛇。』惡無骨也。大抵用筆，有緩有急（云云，見前）〔十五〕，有有鋒，有無鋒，有承接上文，有牽引下字，乍徐還疾，忽往復收，緩以倣古，急以出奇，有鋒以耀其精神，無鋒以含其氣味〔十六〕。橫斜曲直，鈎環盤紆，皆以勢爲主，然不欲相帶，相帶則近于俗〔十七〕。橫畫不欲太長（云云）〔十八〕，太長則轉換遲；直畫不欲太重，太重則神癡。以捺代『乀』，以發代『辵』（即『辶』），『辵』亦以捺代之，唯『乀』則間用之。意盡則用懸針，意盡須再生筆意，不若用垂露耳〔十九〕。

草書忌橫直分明，橫直多則如積薪束葦，無蕭散之氣，時時一出爲妙。

蔡希宗云〔二十〕：『始下筆須藏鋒轉腕（止）〔二十一〕，前緩後急，字體形勢狀如蟲蛇相連，意莫令斷，仍須簡略爲上，不貴繁冗。至如稜側，起復隨勢所立，大抵之意，圜規最妙，其有誤發，

不可再模，恐失其筆勢，猶高峰墜石，從天而下，筆意如放箭，箭不欲遲。』（以上云云，并見前《書學纂要》）〔二十一〕

校注

〔一〕此段略摘引自張懷瓘《十體書斷·草書》。

〔二〕此句語義不通，按《書苑菁華》卷三《晋衛恒著四體書傳并書勢》作『必書而後練之』。

〔三〕此段略摘引自衛恒《四體書傳并書勢》。

〔四〕蹣：跛脚。踴：往上跳。

〔五〕自『八分者』至『又一字之』原本、四庫本脱一千八百六十五字。

〔六〕『泛』四庫本作『從』。

〔七〕原本、四庫本省略自『筆多失誤』至『已如此矣（況今世哉）』凡五十一字，以『云云見前』相指代，今據吴抄本補録，爲避免文字相混，『云云見前』一併録出，下同。

〔八〕『聯』四庫本作『連』。

〔九〕『草』四庫本作『書』。原本、四庫本省略『如今人作真，何嘗苟且其相連處』凡十三字，以『云云見前』相指代，今據吴抄本補録。

〔十〕『嘗』吴抄本、四庫本作『常』。

〔十一〕『最』吴抄本作『至』。

〔十二〕吴抄本『山谷』後有『老人』二字，指黄庭堅，字魯直，號山谷道人。

〔十三〕吴抄本『昧』後有『草書之法』四字。長沙：懷素，永州人，其《自叙帖》云：『懷素家長沙。』
〔十四〕此段略摘引自姜夔《續書譜·草》。
〔十五〕原本、四庫本省略自『有有鋒，有無鋒，有承接上文，有牽引下字，乍徐還疾』凡二十字，以『云云見前』相指代，今據吴抄本補録。
〔十六〕吴抄本『鋒』後有『則』字。
〔十七〕『相帶』原作『帶』，四庫本無此二字，今據吴抄本改。
〔十八〕原本、四庫本省略自『太長則轉换遲』至『唯「乀」（則間用之）』凡三十五字，以『云云』相指代，今據吴抄本補録。
〔十九〕『意盡須再生筆意，不若用垂露耳』原本、四庫本作『意盡雖再生意筆，不若垂露耳』，按姜夔《續書譜》：『意未盡須再生筆意，不若用垂露耳。』吴抄本似脱『未』字。本段略摘引自姜夔《續書譜·草》。
〔二十〕《宋史》卷二百二《藝文志》：『蔡希宗《法書論》一卷。』此或摘引自此。吴抄本作『蔡希綜』。
〔二十一〕原本、四庫本省略自『前緩後急』至『筆意如放箭』凡七十三字，以『止』相指代，今據吴抄本補録。
〔二十二〕吴抄本無注文『以上云云，并見前《書學纂要》』。袁裒《書學纂要》今已佚。而自『體率有多變』起與姜夔《續書譜》文字多相吻合，按盛氏所載可知，盛氏摘録《書學纂要》，而《書學纂要》應多摘録《續書譜》。

法書考卷之三　筆　法

夫書者，心之迹也。故有諸中而形諸外，得於心而應於手。然揮運之妙，必由神悟，而操執之要，尤爲先務也〔一〕。

校　注

〔一〕『先』四庫本作『當』。傅增湘校刊記云：『此下至卷六篇中删落文字太多，不可校正。當照鈔一本，以備重刊也。』

操　執

衛夫人曰：『學書先學執筆，真書去筆頭二寸一分〔一〕，行草書去筆頭三寸一分〔二〕。下筆點墨，芟波屈曲，皆須盡一身之力而送之。』

『執筆有七種：有心急而執筆緩者，有心緩而執筆急者；若執筆近而不能緊者〔三〕，心手不齊，意後筆前者敗；若執筆遠而急，意前筆後者勝。』

校注

〔一〕此段摘引自衛夫人《筆陣圖》，「二寸一分」吴抄本作「一寸二分」，《書苑菁華》卷一《晋衛夫人筆陣圖》作「二寸一分」。

〔二〕吴抄本「草」後無「書」字。

〔三〕「不」原作「下」，形誤，今據吴抄本、《書苑菁華》改。

唐太宗云：「腕竪則鋒正（止）〔一〕，鋒正則四面鋒全；次實指，指實則節力均平；次虚掌，掌虚則運用便易。」（見前）

校注

〔一〕原本、四庫本省略自「鋒正則四面鋒全」至「掌虚則」凡二十三字，以「止」相指代，末注「見前」，今據吴抄本補録。

虞世南云：「筆長不過六寸，真一，行二，草三，指實掌虚。」〔一〕

校注

〔一〕虞世南《筆髓論》：『筆長不過六寸，捉管不過三寸，真一，行二，草三，指實掌虛。』

韓方明云〔一〕：『以雙指包管（止）〔二〕，亦當五指共執，要在實指虛掌，鈎擫千送，亦曰抵送。若以單指包之，則力不足而無神氣（見前）。撮管法以五指撮管末，可大草書〔三〕。』（云云，見前）

校注

〔一〕原本無『韓』字，今據吴抄本補。

〔二〕原本、四庫本省略『亦當五指共執，要在實指虛掌，鈎擫千送，亦曰抵送。若以單指包之，則力不足而』凡三十一字，今據吴抄本補録。

〔三〕原本『可大草書』四字省去，以『云云見前』相指代，今據吴抄本補。

張敬玄云〔一〕：『楷書把筆，妙在虛掌〔二〕。運腕不可太緊，緊則不能轉〔三〕。而字體粗細，上下不均，不可懸臂，氣力有限，其行、草須懸腕，筆勢無限也。』〔四〕

校注

〔一〕『張敬玄』原本、吴抄本『玄』字缺末筆，四庫本作『張敬元』。

〔二〕『虚掌』吴抄本作『掌虚』。

〔三〕吴抄本、四庫本『則』後有『腕』字。

〔四〕張敬玄書法理論現已佚，今從盛氏所摘引，可窺一斑。

盧雋云〔一〕：『用筆之法（止）〔二〕：拓大指，擫中指，斂第二指，抵無名指，令掌心虚如握彈丸，此大要也，以大指節外置筆〔三〕，令轉動自在。無名指抵中指，小指抵名指，此細要也。』（并見前）

校注

〔一〕『盧雋』吴抄本作『盧進士』，《書苑菁華》卷十九載《唐范陽盧雋臨妙訣》，此段略摘引於此。

〔二〕原本、四庫本省略『拓大指，擫中指，斂第二指，抵無名指，令掌心虚如握彈丸』凡二十二字，今據吴抄本補録。

〔三〕吴抄本『以』前有『而』字。原本、四庫本省略『令轉動自在。無名指抵中指，小指抵名指』凡十六字，今據吴抄本補録。

張懷瓘云〔一〕：『若執筆淺則腕堅〔二〕，掣打勁三寸〔三〕，而一寸著紙（止）〔四〕，勢則有餘；若執筆深而束緊三寸，而一寸著紙，勢已盡矣。其故何也？筆在指端則掌虚，運動適意，騰躍頓挫，生意在焉；筆居半則掌實〔五〕，如樞不轉，制豈自由？轉動回旋，乃成稜角。筆既死矣，寧望字之生動？』（見前）

校　注

〔一〕此段略摘引自張懷瓘《六體書論》，《書苑菁華》卷十二收録全文。

〔二〕原脱『腕』字，今據吴抄本、《六體書論》補。

〔三〕《六體書論》『掣打勁利』，疑『勁』後脱『利』字。

〔四〕原本、四庫本省略自『勢則有餘』至『寧望』凡七十三字，今據吴抄本補録。

〔五〕《六體書論》『筆居半指則掌實』，疑吴抄本『半』後脱『指』字。

李華云〔一〕：『予有二字之訣，至神之方。曰：截、拽是也。虚掌而實指（云云，見前），緩矧而急送〔二〕。』

校注

〔一〕李華有《論書》一文，《書苑菁華》卷二十收録。
〔二〕『緩衄而急送』原脱，今據吴抄本補。

黄魯直云〔一〕：『須雙鈎迴腕〔二〕，以無名指抵筆，則有力。』

校注

〔一〕《豫章黄先生文集》卷二九《跋與張載熙書卷尾》：『凡學書，欲先學用筆，用筆之法，欲雙鈎回腕，掌虚指實，以無名指倚筆，則有力。』此段當摘引自此。
〔二〕原『迴』後無『腕』字，語義不通，今據吴抄本補。

姜堯章云：『淺其執〔一〕，牢其筆〔二〕，實其指，虚其掌。真書小密，執宜近頭。行書寛縱〔三〕，執宜稍遠。草書流逸，執宜更遠。遠取點畫長大，易於分布齊均。』

校注

〔一〕『執』吴抄本作『筆』。

〔二〕『筆』吴抄本作『執』。

〔三〕『縱』吴抄本作『送』。

韋榮宗云〔一〕：『搦破管〔二〕，畫破紙，藏鋒結體大要執之以緊〔三〕，運之欲活，不可以指運筆，當以腕運筆〔四〕，執之在手，手不主運，運之在腕，腕不知執。故孫氏有執使轉用之法，執謂淺深長短，使謂縱横牽制〔五〕，轉謂鈎環盤紆，用謂點畫向背。』

校注

〔一〕『韋榮宗』原本、四庫本作『韋榮夫』，按史傳中查無此人，《宣和畫譜》卷十載有『韋榮宗』，今據吴抄本改。

〔二〕『管』，吴抄本作『筆』。

〔三〕『以』吴抄本作『欲』。

〔四〕『當』吴抄本作『常』。

〔五〕『使』四庫本作『便』。

揮運

李斯云〔一〕：『用筆先急迴，後疾下（止）〔二〕，如鷹望雕逝，信之自然，不得重改。送脚若遊魚得水，舞筆如景山興雲。』

校注

〔一〕《書苑菁華》卷一《秦漢魏四朝用筆法》中引李斯論書有云：『夫用筆之法，先急迴，後疾下，如鷹望鵰逝，信之自然，不得重改。送脚若遊魚得水，舞筆如景山興雲，或卷或舒，乍輕乍重，善深思之，此理當自見矣。』此段當摘引自此。

〔二〕原本、四庫本省略自『如鷹望鵰逝』至『舞筆如』凡二十三字，今據吴抄本補録。

蕭何云〔一〕：『夫書勢法，猶若登陣，變通并在腕前。文武貴於筆下〔二〕，出没須有倚仗〔三〕，開合籍於陰陽。每欲書字，喻如下營，穩思審之，方可用筆。筆者，心也；墨者，手也；書者，意也。依此臻妙矣！』

校注

〔一〕《書苑菁華》卷一《秦漢魏四朝用筆法》中引蕭何論書，此段當摘引自此。

〔二〕『貴』吴抄本作『遺』，據《秦漢魏四朝用筆法》，此或作『遺』。

〔三〕『仗』吴抄本作『伏』。

蔡邕入嵩山學書，於石室内得素書。八角垂芒，頗似篆籒。寫史籒、李斯等用筆勢。邕得之，不食三日，唯大叫歡喜，若對千人。邕遂讀三年，妙達其理，用筆特異，遂作《筆論》，曰：『書者，散也。欲書先散懷抱，任情恣性，然後書之。若迫於事，雖中山兔毫，不能佳也。夫書，先默坐静思，隨意所適，言不出口，氣不盈息，沉密神彩，如對至尊，則無不善矣！爲書之體，須入其形，若坐若行，若飛若動，若往若來，若卧若起，若愁若憂，若蟲食木葉，若利劒長戈，若强弓勁矢〔一〕，若水火，若雲霧，若日月，縱横有象，可謂書矣！』〔二〕

校　注

〔一〕『勁』吴抄本作『硬』。
〔二〕《書苑菁華》卷一《秦漢魏四朝用筆法》有載蔡邕學書及論書，此段當摘引自此。

鍾繇見蔡伯喈筆法於韋誕，自搥胸盡青，因嘔血。魏太祖以五靈丹活之。誕死，繇令人盜發其墓，得之。故知多力豐筋者聖〔一〕，無力無筋者病。一一從其消息而用之，由是更妙。繇曰：『筆迹者，界也〔二〕。流美者，人也。非凡庸所知見，萬類皆象之。點如山頹，擿如雨線，纖如絲毫，輕如雲霧；去若鳴鳳之遊雲漢〔三〕，來若游女之入花林〔四〕，粲粲分明，遥遥遠暧者矣。』〔五〕

校注

〔一〕『聖』吴抄本作『勝』。

〔二〕『界』原本、四庫本作『果』，今據吴抄本改。

〔三〕『去』吴抄本後有『者』字。

〔四〕『來』吴抄本後有『者』字。

〔五〕此段略摘引自《書苑菁華》卷一《秦漢魏四朝用筆法》。

衛夫人云〔一〕：『用筆有六種：結構圓備如篆法，飄颺灑落如章草，凶險可畏如八分，窈窕出入如飛白，耿介特立如鶴頭，鬱拔縱橫如古隸，然心有委曲，每爲一字，各象其形。』

校注

〔一〕《書苑菁華》卷一有載《衛夫人筆陣圖》，此段當摘引自此。

王右軍云〔一〕：『轉筆，宜左右迴顧，無使節目孤露。藏鋒，點畫出入之迹，欲使左先右，至回左亦然。藏頭，圓筆属紙，令筆心常在點畫中行。護尾，點勢盡，力收之。疾勢，在啄磔之中〔二〕，又在竪筆竪趯之内。掠筆，在於趲鋒峻趯用之。澀勢，在於緊駃戰行之。』

校　注

〔一〕此段略摘引自東漢蔡邕《九勢八字訣》，詳見《書苑菁華》卷十九，開頭『王右軍云』疑盛氏誤。

〔二〕吴抄本、四庫本『在』後有『於』字。

梁武帝云：『運筆斜則無芒角〔一〕，執筆寬則書緩弱。點掣短則腫擁，點掣長則離澌。畫細則字横，畫粗則形慢。拘則乏勢〔二〕，放又少則。』〔三〕

校　注

〔一〕『角』吴抄本作『鋒』。

〔二〕『拘』吴抄本作『抱』。『乏』原作『之』，吴抄本作『泛』，今據四庫本改。

〔三〕此段引自《梁武帝答陶隱居論書》，張彦遠《法書要録》卷二、《書苑菁華》卷十四均收録，可參。

天台紫真云〔一〕：『夫書必達乎道，同混一之理，似七寶之貴，以垂萬古之名，陽氣明而華壁立，陰氣大而風神生〔二〕。把筆抵鋒，肇於本性，形圓則潤，勢疾則澀，法以緊而勁，逸以險而峻〔三〕。内盈外虚，起不孤，伏不寡〔四〕。向迎非近〔五〕，背接非遠，望之惟逸，發之惟静。』

校注

〔一〕此段引自《白雲先生書訣》，《書苑菁華》卷十九收録，可參，但文字多有出入，天台紫真不知何許人也。
〔二〕『大』四庫本作『肅』。
〔三〕『逸』吴抄本作『逆』。
〔四〕『寡』吴抄本作『宜』。
〔五〕『迎』吴抄本作『近』。

虞世南云：『羲之謂，耽翫之功，積如丘山〔一〕。張芝學書〔二〕，池水盡黑〔三〕。當其雅趣，求彼真意。無圖其形容而滯于體質，此貴乎志意專精，必可誠應也〔四〕。余中宵之間，遂夢吞筆，既覺之後，若在胸臆。又因假寐，見張芝指一「道」字，用筆體法，斯也足明至誠感神，信有徵矣！故羲之於山陰寫《黄庭經》，感三台神降〔五〕。其子獻之於會稽山，見一異人披雲而下，左手持紙，右手持筆，以遺獻之。獻之受而問之曰：「君何姓字〔六〕？復何游處〔七〕？筆法奚施？」答曰：「吾象外爲宅，不變爲姓，常定爲字。其筆豈殊吾體耶〔八〕？」獻之佩服斯言，退而臨寫，竟昧其微，況不學乎？』〔九〕

校注

〔一〕『丘山』吴抄本作『山丘』。
〔二〕『學』四庫本作『草』，『書』吴抄本作『畫』。
〔三〕『黑』吴抄本作『墨』。
〔四〕『誠』四庫本作『成』。
〔五〕『感』原作『盛』，形誤，今據吴抄本改。三台：古時天子有靈臺、時臺、囿臺，合稱爲『三臺』。徐堅《初學記》卷二四《叙事》：『天子有三臺，靈臺以觀天文，時臺以觀四時施化，囿臺以觀鳥獸魚鱉。』
〔六〕『字』吴抄本作『氏』。
〔七〕『何游』吴抄本『游何』。
〔八〕吴抄本『筆』後有『迹』字。
〔九〕此段引自唐虞世南《勸學篇》，《書苑菁華》卷二十收録，可參。

《筆髓論》云：『真書拂掠微重〔一〕，若浮雲蔽於晴天；波撆勾截，若微風摇于碧海。氣如奔馬，亦如朵鈎。輕重出於心，而妙用應乎手。然則體約八分，勢同章草，而各有趣。無問巨細，皆有虚散，其鋒圓毫蕝〔二〕，按轉易也。豈真書一體，篆、草、章、行、八分等〔三〕，當覆腕上搶，掠豪問下〔四〕，撇掇歷鋒轉〔五〕，則稍有筋骨指端横鈎蹲踞轉腕之狀矣。行書之體，略同於真。至於頓挫磅礴，若猛獸之搏噬；進退鈎距，若秋鷹之迅擊。故覆腕搶毫，乃按鋒而直進。

其綰也，則内拓外旋，結鋒而環轉。結者，上蹙旋毫不絶，内轉鋒也〔六〕。加以掉筆聯毫，若石瑩玉瑕，自然之理。亦如長空遊絲，容曳而來往；又如蟲網絡壁〔七〕，勁而復虚。』羲之云：『游絲斷而復連，皆契以天真，同於輪扁。每作點畫，皆懸管掉之〔八〕，令其鋒開，自然勁健。草則縱心奔放，覆腕轉蹙〔九〕，懸管聚鋒〔十〕，柔毫外拓〔十一〕，左爲外拓〔十二〕，右爲内，伏連卷〔十三〕，收攬吐納，内轉藏鋒也。既如舞袖，揮拂而縈紆，又若垂藤，樛盤而繚繞〔十四〕。蹙旋轉鋒，亦如騰猿過樹，逸虬得水，輕騎追虜，烈火燎原。或氣雄而不可抑，或勢逸而不可止。縱于狂逸，不違筆意也。但先援筆引興，心逸自急也。仍接鋒以取興，興盡則已。又生摝鋒〔十五〕，任豪端之奇妙〔十六〕，象兔絲之縈結，轉剔刓角多勾。篆體或如蛇行〔十七〕，或如兵陣，故兵無常陣，字無盡體〔十八〕，謂如水火，勢多不定。故曰字無常定也。』

校注

〔一〕『書』吴抄本作『言』，《書苑菁華》卷一《唐虞世南筆髓論》分叙體、辨應、指意、釋真、釋行、釋草、契妙等七部分，此處引自《釋真》篇，『真書』應是。『微』吴抄本作『輕』，按虞世南《筆髓論》作『拂掠微重』，應是。

〔二〕『䈵』吴抄本作『葩』。

〔三〕『草、章』吴抄本作『章草』，按虞世南《筆髓論》作『草、章』。

〔四〕『間』吴抄本作『開』，按虞世南《筆髓論》『開下』作『下開』。

〔五〕『掇』吴抄本作『撥』，按虞世南《筆髓論》：『當覆腕上搶，掠毫下開，牽撇撥趯，鋒轉，行草稍助指端鈎距轉腕之狀矣。』

〔六〕虞世南《筆髓論》：『其腕則内旋外拓，而環轉紓結也。旋毫不絶，内轉鋒也。』

〔七〕原作『又蟲佃絡』，語義不通，今據吴抄本、虞世南《筆髓論》改。

〔八〕『管』四庫本作『筆』。

〔九〕原『覆』前有『旋』字，當爲衍文，今據吴抄本、虞世南《筆髓論》删。

〔十〕『聚』吴抄本作『取』。

〔十一〕『毫』原作『豪』，今據四庫本改。

〔十二〕吴抄本無『拓』字，疑『拓』字衍。

〔十三〕此句語義不通，按虞世南《筆髓論》，『伏』前當有『起』字。

〔十四〕『憀』吴抄本作『僇』，虞世南《筆髓論》作『樛』。

〔十五〕『搲』吴抄本作『簇』。

〔十六〕『豪』原本、四庫本作『篆』，今據吴抄本改。

〔十七〕『行』吴抄本作『形』。

〔十八〕『盡』吴抄本作『常』。

懷素常師鄔彤〔一〕，彤謂之曰：『學書古勢多矣〔二〕，惟太宗以獻之書如隆冬枯樹〔三〕，寒寂勁硬〔四〕，不置枝葉。』張旭常私語彤曰〔五〕：『孤蓬自振，驚沙坐飛。』余思而爲書，故得奇怪，凡『草聖』盡於此。懷素後學書，豎牽如古釵脚〔六〕。顔太師以素爲同學，問之曰：『學書於師授之外，須自得之。張長史覩孤蓬驚沙之外，見公孫大娘劍器舞，始得低昂迴翔之狀，未知鄔兵曹有之乎〔七〕？』曰〔八〕：『似古釵脚，爲草書豎牽之極。』顔公曰：『師豎牽古釵脚，何如屋漏痕？』素抱顔公脚唱嘆久之〔九〕。顔公徐問曰：『師亦有自得之妙乎？』對曰：『吾觀夏雲多奇峰，輒常師之。夏雲因風變化，乃無常勢〔十〕。又遇壁拆之路〔十一〕，一一自然。』顔公曰：『草聖之妙，代不乏人。可謂聞所未聞也。』

校注

〔一〕『常』四庫本作『嘗』。

〔二〕《書苑菁華》卷十八唐陸羽《唐僧懷素傳》作『草書古勢多矣』，『學書』疑爲『草書』。

〔三〕『隆』吴抄本作『陵』，《唐僧懷素傳》作『凌』。

〔四〕『硬』四庫本作『瘦』。

〔五〕四庫本『張旭』後有『稱亞聖』三字。

〔六〕吴抄本『豎牽』前有『如』字。

〔七〕『有之』原作『之有』，今據吴抄本改。

〔八〕吴抄本『曰』前有『素』字。

〔九〕『嘆』原作『賊』，今據吴抄本、四庫本改。

〔十〕『常』吴抄本作『定』。

〔十一〕『拆』吴抄本作『折』，《唐僧懷素傳》作『坼』。壁拆比喻書法佈置自然。

盧肇謂林韞曰〔一〕：『子學吾書〔二〕，但求其力耳。殊不知用筆之方，不在於力，用於力，死矣！昔受教於韓吏部，〔三〕其法曰「撥鐙」，推、拖、撚、拽是也。』〔三〕

校　注

〔一〕『盧肇』原本、四庫本作『虞肇』，今據吴抄本改。盧肇，字子發，袁州（今江西新余分宜）人。唐會昌三年（八四三）狀元及第，林韞從之學書。

〔二〕『吾』四庫本作『我』。

〔三〕韓吏部：韓愈，字退之，曾任吏部侍郎，時人稱韓吏部，劉禹錫《唐故中書侍郎平章事韋公集》：『（李）翺昔與韓吏部退之爲文章盟主。』

〔四〕此段摘引自《書苑菁華》卷十六唐林韞《撥鐙序》。

錢若水云〔一〕：『善書者，鮮得筆法。唐陸希聲得之，凡五字，曰：擫、壓、鈎、格、抵。用筆雙鈎，即點畫遒勁，謂之「撥鐙法」。希聲自言若二王皆傳此法。陽冰亦得之〔二〕，希聲以授䛒光〔三〕，光入長安，爲翰林供奉。江南李後主得此法，書絶遒勁，復增二字，曰：導、送。』

校注

〔一〕計有功《唐詩紀事》卷四八《陸希聲》：『古之善書，鮮有得筆法者，希聲得之凡五字，擫、押、鈎、格、抵，用筆鈎則點畫遒勁而盡妙矣，謂之撥鐙法。希聲自言昔二王皆傳此法，至陽冰亦得之。希聲以授沙門䛒光，䛒光入長安爲翰林供奉，希聲猶未達，以詩寄䛒光云：筆下龍蛇似有神，天池雷雨變逡巡。寄言昔日不龜手，應念江頭洴澼人。䛒光感其言，引薦希聲於貴倖，後至相。』

〔二〕吴抄本無『亦』字。

〔三〕『䛒光』吴抄本作『䛒先』，下句『光』亦作『先』。

雷簡夫云〔一〕：『余偶晝卧，聞江瀑漲聲，想其波濤翻翻，迅駛掀搕，高下蹙逐奔去之狀，無物可寄其情。遽起作書，則心中之想，盡出筆下矣〔二〕。噫！鳥迹之始，乃書法之宗〔三〕，皆有狀也〔四〕。張旭觀飛蓬舞劍，懷素觀夏雲，顔公竪牽法以釵股不如壁拆漏痕〔五〕。斯師法之外，皆自得者，不專爲草，但通筆法也〔六〕。』

校注

〔一〕『簡』原作『蕑』，今據吴抄本改。此段摘引自雷簡夫《江聲帖》。雷簡夫：北宋人，其人文韜武略，其文慷慨偉麗，擅書。

〔二〕『出』吴抄本作『在』。

〔三〕『宗』吴抄本作『祖』。

〔四〕『有』吴抄本作『其』。

〔五〕四庫本脱『拆』字。

〔六〕吴抄本『通』後有『論』字。

姜堯章《草書法》云〔一〕：『折釵股者，欲其圓而有力；屋漏痕者，欲其無起止之迹；錐畫沙者，欲其匀而藏鋒（止）〔二〕；壁坼者，欲其布置之巧。然皆不若是，筆正則鋒藏，筆偃則鋒出，一起一側，一晦一明，而神奇出焉。常欲筆鋒在畫中，則左右皆無失矣〔三〕。下筆之初，有搭鋒，有折鋒，一字之體（止）〔四〕，定於初下筆。凡作字，第一多是折鋒，第二、三是承上筆勢，多是搭鋒。若一字之間，右邊多是折鋒，應在左故也。又有平起如隸，藏鋒如篆（止）〔五〕，大要折搭多精神，平藏善含蓄，則妙矣。』（并見《書學纂要》）

校注

〔一〕現存文獻未有姜夔《草書法》相關記載，而此段文字出自姜氏《續書譜》，此或盛氏誤引。

〔二〕原本、四庫本省略自『壁坼者』至『常欲筆鋒在畫中』凡四十四字，今據吴抄本補録。

〔三〕『皆』吴抄本脱。

〔四〕原本、四庫本省略自『定於初下筆』至『右邊多是折鋒』凡三十七字，今據吴抄本補録。

〔五〕原本、四庫本省略『大要折搭多精神，平藏善含蓄』凡十二字，今據吴抄本補録。

《宣和書譜》云〔一〕：『唐玄度臨書甚詳，惜其出于法中而不能遺法以見意〔二〕。』

校注

〔一〕此段略摘引自《宣和書譜》卷二《唐玄度》，其云：『（唐玄度）太宗時待詔翰林，論書最詳。惜其出于法中而不能遺法以見意。』

〔二〕『不能』原作『不見』，據上引文，應作『不能』，今據吴抄本、四庫本改。

《書學纂要》云：『右軍用筆，内擫而收斂，故森嚴而有法度。大令用筆，外拓而開廓，故散朗而多姿。』

大抵書畫之法同，故張彥遠云〔一〕：『草書體貫一筆而成〔二〕，血脉隔行不斷。王子敬明其深旨〔三〕，陸探微亦作一筆畫，連綿不斷，精利潤媚，新奇巧絶〔四〕，名高宗代〔五〕。張僧繇點曳斫拂〔六〕，依衛夫人《筆陣圖》，一點一畫，如鈎戟利劍，森森然。吴道玄古今獨步，授筆法於張旭，此知書畫用筆同矣。』

校注

〔一〕此段摘引自張彥遠《歷代名畫記》。
〔二〕『貫』吴抄本作『勢』，四庫本作『貴』。
〔三〕原本『深』後脱『旨』字，語義不通，據吴抄本補。
〔四〕『巧絶』四庫本作『巧妙』，吴抄本作『妙絶』。
〔五〕『宗』吴抄本作『宋』。
〔六〕『斫』吴抄本作『研』。

郭若虚云〔一〕：『氣韻本乎游心〔二〕，神采生於用筆，用筆之難，可識矣〔三〕。又畫有三病，皆繫用筆：一曰版者，腕弱筆癡，全虧取與物狀〔四〕，平褊不能圓混也；二曰刻者，運筆中疑，心手相反〔五〕，勾畫之際，妄生圭角也；三曰結者，欲行不行，當散不散，似物凝滯，不能流暢也。』

校注

〔一〕郭若虚：宋代書畫理論家，著有《圖畫見聞志》六卷，此段略摘引自此書。

〔二〕『韻』原作『運』，《圖畫見聞志》作『韻』，今據吴抄本改。

〔三〕吴抄本『可』前有『斷』字。

〔四〕吴抄本『物』後無『狀』字。

〔五〕『反』吴抄本作『戾』。

法書考卷之四　圖　訣〔一〕

校　注

〔一〕『圖訣』吴抄本作『圓訣』，誤。

每觀古人遺墨在世〔一〕，點畫精妙，振動若生，蓋其用功有自來矣。世傳衛夫人之《筆陣圖》，王右軍之『永字八法』〔二〕，猶可考也。舍此而欲求全，美於成體之後，固亦難矣。今采八法并偏傍之訣，列爲圖於左。

校　注

〔一〕『在』吴抄本作『存』。
〔二〕『右軍』吴抄本作『逸少』。

八法

《翰林禁經》云〔一〕：『八法起於隸字之始，自崔、張、鍾、王傳授，所用該於萬字〔二〕，墨道之最，不可不明也。隋智永發其旨趣，授於虞世南。自兹傳授，遂廣彰焉。』李陽冰云：『昔逸少工書多載〔三〕，十五年偏攻「永」字〔四〕，以其備八法之勢，能通一切字也。』

校注

〔一〕陳振孫《直齋書録解題》記載宋朝存三卷，未著録作者。馬端臨《文獻通考》稱李陽冰撰，共八卷，是書現已不傳。

〔二〕『用』四庫本作『由』。

〔三〕吴抄本『昔』後有『王』字，『工』作『攻』。

〔四〕『攻』原作『工』，今據吴抄本改。

、

側不媿卧〔一〕，如高峰之墜石。

問曰：『點而言側，何也？』〔二〕論曰：『謂筆鋒顧右（止）〔三〕，審其勢而側之，故言側也。止言點，則不明顧右，無存鋒向背墜墨之勢。若左顧右側，則横擿無力，故側不險則失於鈍，鈍則芒角隱，書之神格喪矣！』訣云〔四〕：『側者，側下其筆（止）〔五〕。使墨精暗墜，徐乃反揭，則稜利矣！』又曰：『作點，向左（止）〔六〕以中指斜頓，向右以大指齊頓作報答，便以中指挫鋒，須收鋒在内，按筆收之。』

校注

〔一〕四庫本『媿』作『貴』。

〔二〕《書苑菁華》卷二《永字八法詳説》：『問曰：「側不言點而言側，何也？」』可參。

〔三〕原本、四庫本省略自『審其勢而側之』至『書之』凡五十二字，今據吴抄本補録。

〔四〕『訣云』之後略摘引自《翰林密論二十四條用筆法》，下文之『訣云』均出自該文。

〔五〕原本、四庫本省略『使墨精暗墜，徐乃反揭』凡九字，今據吴抄本補録。

〔六〕原本、四庫本省略自『以中指斜頓』至『須收鋒在内』凡二十六字，今據吴抄本補録。

一

勒常患平，如千里之陣雲。

問曰：『不言畫而言勒，何也？』論曰：『勒者，趯筆而行（止）〔一〕，承其虛畫，取其勁澀，則功成矣。今止言畫者，慮在不趯，一出便畫，則鋒拳而怯薄也。夫勒者，藉於豎趯，豎趯則筆勁澀，亡其流滑，微可稱工矣。』訣云：『策筆須勒，仰筆覆收。』〔二〕又云：『用中指鉤筆（止）〔三〕澀進，覆筆以中指頓筆，然後以大指遣至盡處。』

校注

〔一〕原本、四庫本省略自『承其虛畫』至『亡其流滑』凡四十九字，今據吴抄本補録。

〔二〕此段引自《永字八法詳説·勒勢第二》，見《書苑菁華》卷二。

〔三〕原本、四庫本省略『澀進，覆筆以中指頓筆，然後以大指』凡十四字，今據吴抄本補録。此句引自《翰林密論二十四條用筆法》，見《書苑菁華》卷二，《翰林密論二十四條用筆法》『覆筆』作『覆畫』。

丨

努過直而力敗〔一〕，如萬歲之枯藤。

問曰：『中心豎畫謂之努，何也？』論曰：『勢微努，曰努（止）〔二〕，在乎趯筆下行，若直其畫，則形圓勢質，書之病也。』訣云：『鋒須先發，管逐勢行，緊收澀進，如錐畫沙〔三〕。』又曰：『努彎環而勢如深林之喬木〔四〕。』

校注

〔一〕『努』吴抄本作『弩』，誤，下同。
〔二〕原本、四庫本省略『在乎趯筆下行，若直其畫，則形圓勢質』凡十五字，今據吴抄本補録。
〔三〕原本、四庫本省略『管逐勢行，緊收澀進』凡八字，今據吴抄本補録。按『訣云』後文字出自《翰林密論二十四條用筆法》，見《書苑菁華》卷二。
〔四〕吴抄本『勢』後有『曲』字。

亅〔一〕

趯宜存而勢生〔二〕，鋒峻快以如飛〔三〕。

問曰：『凡字之出鋒謂之挑，今謂之趯，何也？』論曰：『語異而體一（止）〔四〕。夫趯者，筆鋒去而言之趯，自弩畫收鋒，豎筆潛勁，借勢而趯之。法須挫衄，轉筆出鋒，佇思消息，則神蹤不墜矣。』訣云：『趯須蹲鋒得勢而出，出則暗出〔五〕。』又云：『傍鋒輕揭（止）〔六〕借勢，勢不勁，筆不挫，則意不深。直曰趯，橫曰挑，鋒貴於澀出，適出期於側收，謂之欲挑還置也。』張敬玄云：『又謂之抽筆，「事」字中畫宜直〔七〕，下筆便挑，不宜停筆。』姜堯章云〔八〕：『挑剔者，字之步履。欲其沉實，晋人挑剔，或帶斜拂，或横引向外〔九〕，至顔柳始正鋒爲之，而無古飄逸之氣。』

校注

〔一〕原脱『亅』，今據吴抄本補。

〔二〕『存』吴抄本作『蹲』。

〔三〕據《永字八法詳説》，『峻』前當有『鋒』字，今據四庫本補。

〔四〕原本、四庫本省略自『夫趯者』至『則神蹤』凡三十九字，今據吴抄本補録。

〔五〕語義不通，《永字八法詳説·趯勢》作『出則暗收』，後一個『出』疑爲『收』。

〔六〕原本、四庫本省略自『借勢』至『謂之』凡三十一字，今據吴抄本補録。

〔七〕『宜直』原作『便宜』，今據吴抄本改。

〔八〕此句後略摘引自姜堯章《續書譜·真》。

〔九〕『向』原作『而』，今據四庫本、吴抄本改。

丿〔一〕

左上爲策，策仰收而暗揭。

問曰：『策一名折異畫，今謂策，何也？』論曰：『策謂之畫（止）〔二〕，理亦固殊，仰筆趯鋒，輕擡而進，故曰策也。若及紙便畫，不務遲澀、向背、偃仰者，此備畫耳。』訣云：『仰筆潛鋒，以鱗勒之法仰收〔三〕，揭腕（止）〔四〕趯勢於右，潛鋒之要在畫勢，暗歸於右也。夫策筆仰鋒豎趯，微勒借勢。峻顧於掠也。』

校注

〔一〕原作『一』，應作『丿』，今據吴抄本改。

〔二〕『謂之』四庫本、吴抄本作『之於』。原本、四庫本省略自『理亦固殊』至『偃仰者』凡三十字，今據吴抄本補録。

〔三〕『鱗』四庫本作『平』。

〔四〕原本、四庫本省略自『趯勢於右』至『微勒借勢』凡二十七字，今據吴抄本補録。

丿

左下爲掠，掠左出而鋒輕。

問曰：『掠一名分發〔一〕，今稱爲掠，何也？』論曰：『掠乃疾徐有準（止）〔二〕，隨手遣鋒，自左出，取勁險盡而爲節。發則一出，運用無的，故掠之精旨可收矣。』唐太宗云：『爲撇必掠，貴險而勁。』訣云：『撇過謂之掠（止）〔二〕，借於乘勢以輕駐鋒，右揭其腕，加以迅出，勢旋於左。法在澀而勁，意欲暢而婉，遲留則傷於緩滯。』又云：『微曲而下筆，心至卷處。』孫過庭云：『遺不當速。』

校注

〔一〕『發』原作『法』，《永字八法詳説·掠勢》作『發』，今據吴抄本改。

〔二〕原本、四庫本省略自『隨手遺鋒』至『故掠之精旨』凡二十七字，今據吴抄本補録。

〔三〕原本、四庫本省略自『借於乘勢』至『遲留則』凡三十四字，今據吴抄本補録。

右上爲啄，啄倉皇而疾掩，如利劍截斷犀角象牙。

問曰：『撇之與啄同出異名，何也？』論曰：『撇者，俗言啄，因勢立名，用輕勁爲勝，去浮怯，重體爲工。』〔一〕訣云：『右向左之勢爲卷啄，按筆潛蹙於右上〔二〕，借勢收鋒，迅擲旋右，須精險衂，謂之啄者〔三〕，如禽之啄物也。立筆下罨，須疾爲勝，形似鳥獸，卧斫斜發，作「丿」不宜遲。』

校注

〔一〕自『問曰』至『重體爲工』原脱，今據吴抄本補。

〔二〕吴抄本脱『上』字。『借勢收鋒，迅擲旋右，須精險』原脱，今據吴抄本補。

〔三〕『謂』吴抄本作『去』。

㇏

右下爲磔，磔䟐趞以開撑，如崩浪雷奔。

問曰：『發波之筆，今謂之磔，何也？』論曰：『發波之筆（止）〔一〕，循古無蹤，原其用筆，磔法爲逕，磔豪過聳，法存乎神。凡磔若右顧，右則勢鈍矣。䟐重鋒緩，則勢微肥，須通勁而遲澀之。』訣云：『始入筆，豎築（止）〔二〕而微仰，便下徐行，勢足而後磔之。其筆或藏鋒，或出鋒，由心所好也〔三〕。須飛動無凝滯。』又云：『波法（微直曰磔，橫過曰波），作一波當三過折筆，抑而後曳，「㇏」不宜緩。』又云：『抽筆法，左罨掠須峻利（止）〔四〕，右潛趯而戰行，持勢卷而機駐，揭摘而暗收，若便拋之，必流滑凡淺，側起平發，緊殺按波，爲抽筆，從腹内起。又謂平磔法，不遲不疾（止）〔五〕，戰筆側去，勢卷不可便出，須駐筆而後放，如生蛇渡水。』庾肩吾云：『揭放更當駐〔六〕。』唐太宗云：『爲波必磔，貴三折（止）〔七〕，而遺毫磔者，不徐不疾，而去欲復駐而去之。』《筆訣》云：『磔筆須飛動，無凝滯。』〔八〕草書以『、』拂代磔，如柳葉擊石波者，『㇏』脱波也。章草用之，又八分更有。隼尾波，即鍾公《泰山銘》及魏文帝《受禪碑》中已有此體。姜堯章云：『「丿」「㇏」者，字之手足，伸縮異度，變化多端。要如魚翼鳥翅，翩翩自得。』黄伯思云：『昔人運筆，側、掠、努、趯、⿺走歷皆有成規，造微洞玄，則出没飛動〔九〕，神會意得，然所謂成規者，未嘗失也。』

校注

〔一〕原本、四庫本省略自『循古無蹤』至『須通勁而』凡四十二字，今據吴抄本補録。

〔二〕原本、四庫本省略自『而微仰』至『或出鋒』凡二十一字，今據吴抄本補録。

〔三〕『所好也』原作『兩始也』，今據吴抄本改。

〔四〕原本、四庫本省略自『右潛趯而戰行』至『若便拋之，必』凡二十二字，今據吴抄本補録。

〔五〕原本、四庫本省略『戰筆側去，勢卷不可便出，須』凡十一字，今據吴抄本補録。

〔六〕吴抄本作『將放更駐』，『揭』四庫本作『將』。

〔七〕原本、四庫本省略『而遺毫磔者，不徐不疾，而去』凡十一字，今據吴抄本補録。

〔八〕『《筆訣云》：「磔筆須飛動，無凝滯。」』原脱，今據吴抄本補。

〔九〕『没』四庫本作『捩』。

偏傍

孫過庭云〔一〕：『一畫之間，變起伏於鋒杪；一點之内，殊衄挫於毫芒。精其點畫，乃能成字。』

校注

〔一〕此段略摘引自孫過庭《書譜》。

勒法

一偃：蹲鋒自駐，力到疾提，力滿微捺，力盡回鋒。

一仰：蹲鋒自駐，力到微捺，力滿疾提，力盡回鋒。

一平：蹲鋒自駐，力到疾過，力盡回鋒。〔一〕

訣云：『用筆若錐畫沙，横畫放手盡力，瘦硬方直，沉着勁健，無變爲度。縱畫硬如屈鐵，一縱一横，可方可圓，千形萬狀皆如一畫，作畫成熟〔二〕，就瘦硬之鐵畫變温和之玉畫。』又云：『横畫似八分。』唐太宗云：『爲畫必勒，貴澀而遲。』姜堯章云〔三〕：『畫者，字之骨體（止）〔四〕。欲其堅正匀凈，有起有止，所貴長短合宜，結束堅實。』『士』兩畫者，上仰下偃。『三』上潛鋒平勒，中背筆仰策，下緊趯覆收。唐太宗云：『三須解磔，上平，中仰，下覆，「春」、「生」是也。』《禁經》云：『黄庭三闕，字用草法（止）〔五〕，上衄，側中，策下，奮筆横飛。凡横畫多用此法（隔仰隔覆，見《智果頌》）。』

校注

〔一〕吴抄本自『一仰』至『力盡回鋒』脱。

〔二〕四庫本『作』後有『一』字。

〔三〕『姜堯章』吴抄本作『姜白石』。

〔四〕『骨體』吴抄本作『體骨』。原本、四庫本省略『欲其堅正匀凈，有起有止，所貴長短合宜』凡十六字，今據吴抄本補録。

〔五〕原本、四庫本省略『上衄，側中，策下，奮筆横飛』凡十字，今據吴抄本補録。

鄉背法

『丩』鄉筆貴和，『〔一〕』背筆貴峻。〔一〕

校　注

〔一〕上兩處『貴』字吴抄本均作『宜』。

垂縮法

『丨』，頓筆〔一〕，又云垂露，欲垂而復縮。『丨』懸針，自王右軍始，筆欲正，自上而下，如長針垂。『丿』偏拂，自張長史始。張敬玄云：『申字中畫，宜卓筆，直畫疾抽。』唐太宗云：『爲豎必怒〔二〕，貴戰而雄。』

校　注

〔一〕『頓』吴抄本作『頻』。

〔二〕『怒』吴抄本作『努』。

點　法

『八』、『八』、『八』、『丷』、『八』、『丶』、『冫』、『氵』、『冫』。點之變無窮，皆帶側勢蹲之，首尾相顧，自成三過筆，有偃、仰、向、背等勢。著點皆磊磊落落似大石之當衢〔一〕，或如蹲鴟，或如科斗，或如瓜瓣，或如栗子，或存若鶚口〔二〕，尖如鼠矢，如斯之類，各稟其儀。姜堯章云：『點者，字之眉目，全要顧盼精神〔三〕，有向有背，隨字異形。』

校　注

〔一〕『似』吴抄本作『如』。

〔二〕『存』吴抄本作『蹲』。

〔三〕『要』吴抄本作『賴』。

散水法

『氵』互相顯異，『冫』潛相屬視，『冫』行書借勢。訣云：『上衄側，中偃，下潛挫趯鋒。或藏此露（止）〔一〕，狀類不同。意要遞相顯異，若頻有則兩點相近，而上點當高〔二〕，此名潛相屬視。外雖解摘，内相屬附爲上。中潛鋒暗衄，下峻趯潛遣之，此鍾法也。行書勢微，按以輕利爲美。

『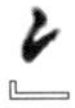』、『丫』。訣云：『上側覆殺〔三〕，下築而趯之（止）〔四〕，須相承揖。若并連衄側輕揭，則「卒」字左右用之。』

校注

〔一〕原本、四庫本省略自『狀類不同』至『按以』凡六十字，今據吴抄本補録。

〔二〕『而上點當高』語義不通，《書苑菁華》卷二引《翰林密論二十四條用筆法》『上』作『下』。

〔三〕吴抄本『覆』後脱『殺』字。

〔四〕原本、四庫本省略自『須相承揖。若并連衄側輕揭，則』凡十二字，今據吴抄本補録。

烈火法

『从』，古法『灬』各自立勢，『灬』聯飛，『灬』布棋格。訣云：『衄鋒暗接，須各立勢，抵背潛衄，所謂視之不見，考之彌彰。聯飛者，暗衄微駐，輕揭潛趯，筆鋒連綿，相顧不絶〔一〕。』《禁經》云：『聯飛如雁陣當秋，《樂毅論》「燕」、「然」等字用之。』姜堯章云：『四點者，一點起，兩點帶，一點應。』

校注

〔一〕『不』原作『布』，乃音近而誤，今據吳抄本改。

曾頭其脚法〔一〕

『丷』對合貴縱，上開下合。『八』相背貴横，上合下開。訣云：『左潛揭而右啄。「曾」頭左啄右側〔二〕，「其」脚長舒左足，謂有脚者向右舒〔三〕，「寶」、「其」等字是也。』

校注

〔一〕吳抄本『脚』後脱『法』字。

〔二〕『曾』後原脱『頭』字，今據吳抄本補。

〔三〕『右』吳抄本作『左』。

頁脚法

『頁』。上畫平勒，頁斗折。

衮筆法

『令』。訣云：『須按鋒上下蹙衄之，「令」「今」等字是也，謂下一點。』

烏字法

『灬』。『馬』、『焉』字同，切宜緊收。右軍云〔一〕：『字有緩急，如「烏」字，下手一點須急，橫直即須遲，欲「烏」之脚急，乃取形勢也。』

校注

〔一〕後摘引自王羲之《筆勢圖》。

宀頭法

『宀』若跡，『宀』各相顯異。『宀』行法，『宀』章草。訣云：『上點駐鋒，左右挫鋒，橫畫按筆，勢須相順。』又云：『上點（止）〔一〕側，橫畫勒，左偃筆擺鋒（檯筆豎側謂偃），右峻啄輕揭出。虞永興常用之法，以圓峻飛動爲美。』姜堯章云：『「宀」頭須覆其下，「容」、「實」等字上點須正〔二〕，畫須圓的，不宜相著，上長下短〔三〕。』

校注

〔一〕原本、四庫本省略自『側』至『以圓峻飛動』凡三十三字，今據吴抄本補録。虞永興：虞世南，字永興。

〔二〕『實』吴抄本作『寳』。

〔三〕原『短』後有『暗』字，當爲衍文。

暗築法

『丶』。訣云：『馭風直衝〔一〕，有點連橫，則名「暗築」，「月」、「其」字兩點是也。』

校注

〔一〕原作『⺀』，今據吴抄本改。

〔二〕『風』吴抄本作『鋒』。

豎⿰亻壹法

『丨』。訣云：『擡筆豎策挫鋒，上下豎直，「尚」、「嘗」等字中豎畫用。』『⺌』、『灬』。⿰亻壹垂露、懸針、向背、努等法皆有之，肥瘠以字分爲稱，長短随偏傍所宜。

奮筆法

『小』〔一〕。訣云：『左側而獨立，中衄側而右鈎。』〔二〕《禁經》云〔三〕：『鍾書《宣示》字用（止）〔四〕。』若中豎，則左右潛暗衄而潛趯，又簇鋒健進，爲『系』字三畫也。

校注

〔一〕『小』四庫本作『卜』。

〔二〕『側』吴抄本作『折』。

〔三〕『《禁經》云』吴抄本作『《禁經法》云』。《書苑菁華》卷二引《翰林密論二十四條用筆法》作『《古經》云』。

〔四〕原本、四庫本省略自『若中竪，則左右潛暗衄而潛趯，又簇鋒健進，爲』凡十八字，今據吴抄本補録。

戈法

『弋』，如百鈞之努發〔一〕。論曰：『夫斫戈之法，落筆峩峩如長松之倚谿谷，似欲倒也。』《筆訣》曰：『悉以中指遣至盡處（止）〔二〕，以名指拒而趯之。潛鋒暗勒，勢盡然後趯之。右軍背趯戈法，上則俯而過（止）〔三〕，下則曲而就，蓋失之於前，正之於後也。永禪師澀出戈法（止）〔四〕，下以名指築上借勢，以中指遣之至下，以名指衄鋒潛趯，此云禿出法。張旭折芒法，潛鋒緊走，意盡乃收。章草法，潛按微進（止）〔五〕，輕揭暗趯，夫揭欲利，按欲輕，輕則骨勁神清，重則質滯鈍俗。又有斫戈、反戈、飛戈。』唐太宗云：『爲戈必潤，貴遲疑而右顧。』張敬玄云：『戈脚宜斜筆直抽，直者，緣上實下自成也（上實謂藏鋒，抽筆也）。』

校注

〔一〕『努』吴抄本作『弩』，下同。

〔二〕原本、四庫本省略『以名指拒而』凡五字，今據吴抄本補録。

〔三〕原本、四庫本省略『下則曲而就，蓋失之於前』凡十字，今據吴抄本補録。

〔四〕吴抄本『永』前有『智』。原本、四庫本省略自『下以名指』至『衄鋒潛趯』凡二十二字，今據吴抄本補録。

〔五〕原本、四庫本省略自『輕揭暗趯』至『重則』凡十九字，今據吴抄本補録。

背抛法

『乙』，蠆尾，如壯士之屈臂。『乚』外略。訣云：『蹲鋒緊掠，徐擲之，速則失勢〔一〕，遲則緩怯。』又謂外擘法。左峻掠，中潛鋒衄挫，右蹲鋒外擲。右軍云：『腕脚刐斡，上捺下撚，終始折轉〔二〕，援毫蹲鋒即輕重有準〔三〕。』庾肩吾云：『欲抛還置，爲駐鋒而後趯之。』

校注

〔一〕『速』吴抄本作『連』。

〔二〕『終』吴抄本作『鋒』。

〔三〕『援』吴抄本作『緩』。『毫』原作『豪』，今據四庫本改。『蹲』吴抄本作『挫』。

撇法

『丿』，背撇，首圓蹲，過作背懸針左出。『ノ』，鄉撇，首側蹲，右顧作向左〔一〕，筆尾懸針左出。如手之前後撇物。『㇒』，提鋒空中行下〔二〕，如『步』、『少』之屬〔三〕。

校注

〔一〕『向』原作『鄉』，今據吴抄本、四庫本改。

〔二〕『行』吴抄本作『打』。

〔三〕四庫本脱此句。

衫法

『彡』，上平、中仰、下偃，上横、下縱，或反之。唐太宗云：『「彡」乃「形」、「影」字右邊，不可一向爲之，須背下撇之。』

人等法〔一〕

『乂』，交争勢。訣云：『凡「乂」、「人」第二筆〔二〕，云攙、引、仰、拽也〔三〕。』『人』，章草。王濛云〔四〕：『趯之欲利，按之欲輕。』『亻』，立人，如鳥之在柱。姜堯章云：『如立人田，「王」、「礻」、「衤」一切偏傍皆須令狹長，則右有餘地矣。不可太密，大巧是唐人之病也。』

校注

〔一〕吴抄本作『人人等法』，四庫本作『人等法、入等法』。

〔二〕『二』吴抄本作『一』。

〔三〕『仰』吴抄本作『抑』。

〔四〕『王』後原脱一字，今據吴抄本補。

匸法（下體體切）

『上』，上平〔一〕、旁向〔二〕、下偃〔三〕。『匸』，上仰、旁背、下平。『匸』，上飛平〔四〕、傍飛鄉、下飛偃。飛者，空中飛法〔五〕，謂緊提轉腕疾出也〔六〕。

校注

〔一〕『平』原作『手』，今據吴抄本、四庫本改。
〔二〕『向』原作『鄉』，今據吴抄本改。
〔三〕『偃』吴抄本作『平』。
〔四〕『平』原作『手』，今據吴抄本、四庫本改。
〔五〕『法』吴抄本作『筆』。
〔六〕『出』四庫本作『書』。

鈎努法

『亅』，勒努趯。訣云：『圓角趯鋒作努發〔一〕，勢未盡而趯之。』右軍云：『作右邊折角（止）〔二〕，疾牽下微開，左略幹轉，令取登對。勿使腰中傷緩，視筆取勢，直截而下〔三〕，轉爲曲折，鈎筆轉角，折鋒輕過，亦謂轉角爲暗角。』唐太宗云：『爲環必郁〔四〕，貴蹙鋒而忽轉。』《書勢論》云：『急牽引如雲中掣電，「日」、「月」、「因」、「目」是也〔五〕。』張敬玄云：『「固」字轉角之勢（止）〔六〕，初不宜稜角。弩張即字體俗矣，非特「固」字，但有轉筆，一切貴其圓潤，《蘭亭》、《瘞鶴銘》「固」字妙。』

校注

〔一〕『發』吴抄本、四庫本作『法』。
〔二〕『右』原作『古』，語義不通，今據四庫本改。原本、四庫本省略自『疾牽下微開』至『視筆取勢』凡二十三字，今據吴抄本補録。
〔三〕『直』吴抄本作『宜』。
〔四〕『郁』字原脱，今據吴抄本補。
〔五〕『目』原作『日』，四庫本作『固』，今據吴抄本改。
〔六〕『勢』吴抄本作『弩』。原本、四庫本省略自『初不宜稜角』至『一切』凡二十二字，今據吴抄本補録。『初』字疑衍。

勾裹法

『冂』偃勒鄉僨趯，『丁』仰勒背僨趯。訣云：『圓角激鋒，待筋骨而成，如武人屈臂，又如勁弩筋節。』右軍云：『回角不用峻及有稜。』顔真卿云：『用筆如紙下行。』

重複法

『戔』，上磔衂鋒，下磔出之。訣曰：『上縮鋒作努，下出鋒作趯。』唐太宗云：『「多」字四撇，一縮，二少縮，三亦縮，四須出鋒。』

丁字脚勢

『丁』、『打』宜疾不宜遲，『寺』、『守』宜疾挑不宜遲。

鳯字飛勢

『几』，兩邊悉宜圓緊〔一〕，用筆之時〔二〕，左邊勢宜疾，背筆時意中如電疾急也，『几』、『鳯』等字同。

校注

〔一〕『几』吴抄本作『凡』，『緊』吴抄本作『緊』。

〔二〕『時』原作『將』，今據吴抄本改。

挑　勢

『乙』、『乚』，右背僜左𠚥，仰勒反趯，貴抱腹而清。

口字勢

『嗚』、『呼』、『喉』、『嚨』等字〔一〕，『口』在左者，宜上。『和』、『扣』、『如』、『知』，『口』在右者，宜下。

校　注

〔一〕『喉』吴抄本作『咽』。

法書考卷之五　形　勢

點畫既工而後能結體，然布置有疏密，骨格有肥瘠，不可不察也。

布　置

『囲』〔一〕，八面俱滿者方，偏而偶者方奇飛〔二〕。八面點畫皆拱中心〔三〕。隨字點畫多少〔四〕，疏密各有停分，作九九八十一分界畫均平之〔五〕。

校注

〔一〕『囲』四庫本作『□』。

〔二〕『偶』四庫本作『隅』，疑是。

〔三〕吴抄本『八面』前有『』。

〔四〕吴抄本『隨字』前有『』。

〔五〕『平』原作『手』，今據吴抄本、四庫本改。

訣云：『布置者，長短闊狹，字之態度也。點畫斜曲，字之應也〔一〕。無布置，如竹竿之無節，野人之無文，其法先主後賓，卑奉尊接〔二〕。字之上下左右，畫之大小多少，取其停匀，審其疏密。以下承上，以右應左，以大包小，以少附多，多以少爲體，少以多爲用。空則補就，孤則扶持，剛縱其柔，柔縱其剛，自然可觀。』

校　注

〔一〕『應』吴抄本作『應對』，四庫本作『照應』。

〔二〕『接』吴抄本作『按』。

蔡邕云：『勢來不可止〔止〕，勢去不可遏，惟筆軟則奇怪生焉，凡落筆結字，上皆覆下，下皆承上，使其形勢遞相映帶，〔一〕無使勢背。』

校　注

〔一〕原本、四庫本省略自『勢去不可遏』至『遞相映帶』凡三十四字，今據吴抄本補録。

右軍云：『夫欲書先凝神静思，預想字形大小〔一〕、偃仰、平直、振動，令筋脈相連〔二〕，意在筆前，然後作字。』又云：『夫書字四方，南高北下東闢西闔爲形，上平下端左輕右重爲勢。凡字處其中畫之法（止）〔三〕皆不宜倒，其左右相顧，右宜粗於左畔。横貴乎纖，豎貴乎粗，分間布白，遠近宜均，上下得所，自然平穩。腹不宜促（止）〔四〕（短也），脚不宜賒（長也），又不宜斜，重不宜長，單不宜小，複不宜大，傷密則似疴瘵纏身（不舒展也），傷疏則似溺水之禽（慢也）〔五〕。』

校注

〔一〕『思』四庫本作『慮』，吴抄本脱『思，預』二字。

〔二〕『脈』吴抄本、四庫本作『骨』。

〔三〕原本、四庫本省略自『皆不宜倒』至『上下得所』凡三十五字，今據吴抄本補録。

〔四〕原本、四庫本省略自『（短也）』至『單不宜小』凡二十字，今據吴抄本補録。

〔五〕『溺水』四庫本作『弱水』。

陶隱居云：『近左虚右，分間不同，視之不足，學之彌工〔一〕。』隋智果《心成頌》云〔二〕：『回展左肩（止）〔三〕，頭項長者向右展〔四〕，「宣」、「壹」、「尚」字等是也。長舒左足，有脚者向左傍舒，「實」、「其」等是也。峻拔一角，字方者擡右角，「國」、「用」、「周」字是也。潛虚半腹，畫稍粗於左，亦要遠近均匀，遞相覆盖，令左實右虚，「用」、「見」、「罔」、「月」字是也。隔仰隔覆，「並」字是隔「二」，「薑」字是隔「三」，仰覆用之。間開間合，「無」字等四點四畫爲綜，上開則下合之。回互留放，謂字有磔掠重者，「爻」字上住下放，「茶」字上放下住，不可并放。變换垂縮，「并」字右縮左垂，「斤」右垂左縮，上下亦然。繁則減除，王書「懸」字，虞書「兔」字，張書「盛」字，改「血」爲「皿」。疏則補續，「神」字加點，「辛」字加畫之類。分若仰背，爲綜也，「州」、「册」之類，皆須自立向背。合如并目，「八」字、「州」字，皆須潛相矚視。孤單必大，一點一畫成其獨立也。重并乃促，謂「昌」、「吕」、「爻」、「棗」等字之上小，「林」、「棘」、「羽」字左促，似側附邪，「丿」爲斜，點爲側，「交」、「欠」、「以」、「人」等是也。如斜附曲，謂「く」爲曲，「女」、「晏」、「必」、「在」等是也。覃精一字，功歸自得盈虚。向背、仰覆、縮垂、回互不失也，統視連行，妙在相承起伏。』

校注

〔一〕『彌』吴抄本作『難』。

〔二〕吴抄本『智果』前無『隋』字。

〔三〕『左』原作『右』，今據吴抄本改。原本、四庫本省略自『頭項長者』至文末『統視連行』，今據吴抄本、《書苑菁華》卷二十所載智果《心成頌》補録。

〔四〕『右』吴抄本作『又』，誤。

梁武帝《觀鍾繇書十二意》，顏真卿《張旭問答》：『夫平謂横〔一〕，子知之乎？』真卿云〔二〕：『長史每令爲一畫，皆須縱横有象〔三〕，其此之謂乎？』長史曰〔四〕：『然。夫直與縱〔五〕，子知之乎？』曰：『豈不謂直者必縱之，不令邪曲之謂乎？』曰：『然。夫均謂間，子知之乎？』曰：『嘗蒙示以間〔六〕，不容光之謂乎？』曰：『然。夫密謂之際，子知之乎？』曰：『豈不謂築鋒下筆，皆令宛成，不令其疏之謂乎？』曰：『然。鋒謂末，子知之乎？』曰：『豈不謂末以成畫，使其鋒健之謂乎？』曰：『然。力謂骨體，子知之乎？』曰：『豈不謂趯筆，則點畫皆有筋骨，字體自然雄媚之謂乎？』曰：『然。輕謂屈折，子知之乎？』曰：『豈不謂鈎筆轉角，折鋒輕過，亦謂轉角爲暗過之謂乎？』曰：『然。決謂牽掣，子知之乎？』曰：『豈不謂牽掣爲擎，決意擇鋒，不怯滯，令險峻而成乎〔七〕？』曰：『然。補謂不足，子知之乎？』曰：『豈不謂結構點畫或有失趣者，則别點畫旁救之乎？』曰：『然。損謂有餘，子知之乎？』曰：『豈不謂趣長筆短，常使意氣有餘，畫若不足之謂乎？』曰：『然。巧謂布置，子知之乎？』曰：『豈不謂欲書先想字形大小布置，令其平稳或意外，字體令其異勢乎？』曰：『然。稱謂大小，子知之乎？』曰：『豈不謂大字促之令小，小字寬之令大，兼令茂密，所以爲稱乎？』曰：『然。』

校注

〔一〕『横』原作『摸』，四庫本作『摸』，按《書苑菁華》作『横』，今改。

〔二〕『云』吴抄本作『曰』。

〔三〕吴抄本『皆』後脱『須』字。

〔四〕吴抄本脱『長史』二字。

〔五〕『與』吴抄本作『爲』。

〔六〕『蒙』原作『象』，今據吴抄本、《述張長史筆法十二意》改。

〔七〕『而成』吴抄本作『之謂』。

《運筆都勢》訣云〔一〕：『上下相望，左右相近，四隅相招，大小相副〔二〕，長短闊狹，臨時變通，用意經思，何虞不勝。』歐陽詢云〔三〕：『每秉筆必在圓正，氣力縱横重輕，凝神静慮，當審字勢，四面匀停〔四〕，八邊俱備，長短合度，粗細折中，心眼準程，疏密欹正，筋骨精神，隨其大小，不可頭輕尾重，無令左短右長，斜正如人，上稱下載。』

校注

〔一〕『訣』原作『故』，今據吴抄本改。《運筆都勢》作者不詳，現已無考。

〔二〕『大』原作『太』，今據吴抄本改。

〔三〕此段引自歐陽詢《傳授訣》。

〔四〕「匀停」吴抄本「停匀」。

張懷瓘《十法》〔一〕：「偃仰向背（云云，止）〔二〕。謂兩字并爲一字，須求點畫上下偃仰離合之勢。陰陽相應，謂陰爲内，陽爲外，斂心爲陰，展筆爲陽，右右亦然〔三〕；鱗羽參差，謂點畫編次無使齊平，如鱗羽之狀；峰巒起伏，謂起筆蹙衄，如峰巒之狀，殺筆筆須存結；真草偏枯，謂兩字或三字，不得真草合成一字，謂之偏枯，須求映帶；邪正失則，謂落筆結字，分付點畫之法，須依位次。遲澁飛動，謂勒磔皆須飛動，無凝滯之勢；射空玲瓏，謂煙盛識行草字，用筆不依先後。尺寸規度，謂不可長有餘而短不足，須引筆至盡處，則字有凝重之態，隨事轉變（云云）。謂《蘭亭》「年」字一筆作懸針，「歲」字即變垂露，其間字各有體。」

校注

〔一〕「十」原作「千」，今據吴抄本改。此段摘引自張懷瓘《論用筆十法》。

〔二〕原本、四庫本省略自「謂兩字并爲一字」至文末「字各有體」，唯留「隨事轉變」四字，以「云云」相指代，今據吴抄本補録。「隨事轉變」中「事」吴抄本作「字」。

〔三〕此句語義不通，據《書苑菁華》，此句爲「須左右相應」。

姜堯章云〔一〕：『疏欲風神，密欲老蒼〔二〕，如「佳」之四横，「川」之三直，「兼」之四點〔三〕，「晝」之九畫，必須下筆勁净，疏密得均乃佳。當疏不疏，反成寒乞。當密不密，必至凋疏。且字之長短、大小、斜正、疏密，天然不齊，孰能一之！晋魏書法之高〔四〕，良由盡字之真態，不以私意參之耳。向背者，如人之顧盼指畫、相揖、相背〔五〕，發於左者，應於右，起於上者，伏於下，大要點畫之間〔六〕，施設各有情性〔七〕，求之古人，右軍蓋爲獨步。』

校注

〔一〕此段略摘引自姜夔《續書譜》。

〔二〕『欲』《續書譜》作『爲』，『蒼』《續書譜》作『氣』。

〔三〕『兼』吴抄本作『魚』。

〔四〕『晋魏』應該作『魏晋』爲宜，《續書譜》亦作『魏晋』。

〔五〕『指』原作『以』，今據吴抄本改。

〔六〕『要』四庫本作『約』。

〔七〕『性情』四庫本『情性』，吴抄本作『情理』。

蔡希綜云〔一〕：『每字皆須骨力雄强〔止〕〔二〕，奕奕有飛動之勢。屈折之狀，如鋼鐵爲鈎；

牽掣之蹤，若勁針直下。主客勝負皆須姑息，先作者主也，後爲者客也。既構筋力，然後裝束，必須舉止合則，起伏相承。』

校注

〔一〕此段略摘引自蔡希綜《法書論》，《書苑菁華》卷十二有録，可詳參。

〔二〕原本、四庫本省略自『奕奕有飞動之勢』至『必須』凡五十三字，今據吴抄本補録。

肥瘠

韋誕云：『多力豐筋者聖〔一〕，無力無筋者病。』衛夫人曰：『善筆力者多骨，不善筆力者多肉。多骨微肉者謂之筋書，多肉微骨者謂之墨猪〔二〕。』梁武帝云：『純骨無媚，純肉無力，少墨浮澀，多墨芒鈍〔三〕，此皆自然之理也。若抑揚得所〔四〕，趣舍自違；值筆廉斷，觸勢峰鬱。揚波折節，中規合矩；分間下注，濃纖著力。骨肉相稱〔五〕。婉婉娩娩，視之不足；稜稜凛凛，常有生氣。適眼合心，便爲甲科。』

校注

〔一〕『聖』吴抄本作『勝』。

〔二〕『多肉微骨』吴抄本作『微骨多病』。

〔三〕『芒』吴抄本作『莽』。

〔四〕『若』吴抄本作『皆』。

〔五〕『骨肉相稱』吴抄本作『肥瘦相和，骨力相稱』。

訣曰：『書以骨氣爲體，以主其內，以肉色爲用，以彰其外。氣宜清，色宜溫，骨宜豐，肉宜潤，不失其所。』

虞世南云：『側管則鈍慢而多肉，直鋒則乾枯而露骨，終其悟也，粗而不鈍，細而能壯，長而不爲有餘，短而不爲不足。』

歐陽詢云：『不可瘦〔一〕，瘦則形枯，復不可肥，肥則質濁。』

校注

〔一〕四庫本『不』前有『字』字。

張懷瓘云：『夫馬筋多肉少爲上（止）〔一〕，而肉多筋少爲下。書亦如之，皆欲骨肉相稱，神貌恰然。若筋骨不任其脂肉，在馬爲駑駘〔二〕，在人爲肉疾，在書爲墨猪。推其病状〔三〕，未即已也。惟題署及八分，則肥密可也。自此之外，皆宜蕭散，恣其運動。』

校　注

〔一〕原本、四庫本省略自『而肉多筋少爲下』至文末『皆宜蕭散』，今據吴抄本補録。此段摘自《書苑菁華》卷十二載張懷瓘《評書藥石論》。

〔二〕『駘』吴抄本作『胎』，誤，據《書苑菁華》改。

〔三〕『推』吴抄本作『準』，誤，據《書苑菁華》改。

徐浩云：『宜先立筋骨〔一〕，筋骨不立，肉何所附。用筆特須藏鋒，不然字則有病。夫鷹隼乏彩而翰飛，戾天骨勁而氣猛也。翬翟備色而翱翔於百步〔二〕，肉豐而力沉也。若華藻而高翔，書之鳳凰矣〔三〕。歐、虞爲鷹隼，陸、褚爲翬翟。』

校　注

〔一〕『先』後原無『立』字，今據吴抄本補。

〔二〕翬翟：泛指雉科鳥類，《後漢書·輿服志下》：『觀翬翟之文，榮華之色，乃染帛以效之，始作五采，成以爲服。』

〔三〕『凰』吴抄本作『皇』。

黄魯直云：『作字須筆中有畫，肥不露肉，瘦不露骨。政如詩中有句〔一〕，亦猶禪家句中有眼，須參透乃悟耳。』

校注

〔一〕吴抄本『詩』後有『句』字。

姜堯章云：『用筆不欲太肥，肥則形濁〔一〕；又不欲太瘦，瘦則形枯〔二〕。露鋒則意不持重〔三〕，深藏圭角則體不精細，然其太肥，不若瘦硬也。』

校注

〔一〕『肥』吴抄本作『太肥』。

〔二〕『瘦』吴抄本作『太瘦』。
〔三〕吴抄本作『多露鋒芒，則意不持重』。

法書考卷之六

風　神

翰墨之妙，通於神明，故必積學累功，心手相忘。當其揮運之際，自有成書於胸中。乃能精神融會，悉寓于書，或遲或速，動合規矩，變化無常。而風神超逸〔一〕，是非高明之資〔二〕，孰克然耶？

校注

〔一〕『逸』吴抄本作『速』。

〔二〕『是』吴抄本作『似』。

情　性

《禁經》云：『有攻無性〔一〕，神彩不生。有性無攻，神彩不變。』又云：『九生法，一生筆〔止〕〔二〕，純毫爲心，軟而復健。二生紙，紙新出篋笥，潤滑易書，即受其墨，乃久露風日，枯燥難用。三生研，用貯水畢則乾之。司馬云：「研石不可久浸潤。」四生水，義在新汲，不可久停，停不堪用。五生墨，隨要旋研，墨光爲上，多則泥鈍。六生手，適携執勞，腕則無準。八生目，寢息適寤，光朗分明。九生景，天氣清明，人心舒悦。乃可言書。』

校注

〔一〕『攻』四庫本、吴抄本作『功』，下同。

〔二〕原本、四庫本省略自『純毫爲心』至文末『人心舒悦』，今據吴抄本補録。據《書苑菁華》卷二《翰林禁經九生法》，『八生目』前應脱『七生神，凝神静思，不可煩躁』凡十一字。

虞世南云：『收視反聽，絶慮凝神，心正氣和，則契於妙，心神不正，書則欹斜。志氣不和，字則顛仆。故知字雖有質，迹本無爲。禀陰陽而動静，體萬物以成形。書道玄微，必貴神遇〔一〕，不可以力求也，必須心悟，不可以目取也〔二〕。』

校注

〔一〕『貴』四庫本、吴抄本作『資』。

〔二〕『目』吴抄本作『力』，虞世南《筆髓論》作『目』。

孫過庭云：『一時而書〔一〕，有乖有合，各有其五。神怡務閑〔止〕〔二〕，一合也；感惠狥知，二合也；時和氣潤，三合也；紙墨相發，四合也；偶然欲書，五合也。心遽體留，一乖也；意違勢屈，二乖也；風燥日炎，三乖也；紙墨不佳，四乖也；情怠手闌，五乖也。乖合之際，優劣互差。得時不如得器，得器不如得志。若五乖同萃，思遏手蒙；五合交臻，神融筆暢。暢無不適，蒙無所從。右軍之書，寫《樂毅》則情多怫鬱〔三〕，書《畫讚》則意涉瓌奇〔四〕，《黄庭經》則怡懌虛無，《太師箴》則縱横争折〔五〕。暨乎《蘭亭》興集〔六〕，思逸神超。私門戒誓，情拘意慘〔七〕。所謂涉樂方笑，言哀已歎。情動乎中〔八〕，取會風騷之意；陽舒陰慘，本乎天地之心。右軍之書，末年多妙，當緣思慮通宷〔九〕，志氣和平，不激不厲，而風規自遠。子敬以下，莫不鼓努爲力〔十〕，標置成體〔十一〕，豈獨工用不侔〔十二〕，亦乃神情懸隔也。消息多方，情性不一〔止〕〔十三〕，乍剛柔以合體，忽勞逸而分軀。或恬澹雍容，内涵筋骨；或折挫槎枿，外耀鋒芒。内存骨氣〔止〕〔十四〕；骨既存矣，而遒潤加之。亦猶枝幹扶疏，凌霜雪而彌勁；花葉鮮茂，與雲日而相輝。如其骨力偏多，遒麗蓋少，則若枯槎架險，巨石當路，雖妍媚云闕，而體質存焉。若遒麗居優，骨氣將劣，譬夫芳林落蕋，空照灼而無依；蘭沼漂萍，徒青翠而奚托。是知偏工易就，盡善難求。雖學宗一家，而變成多體，莫不隨其性欲，便以爲姿。質直者則勁侹不遒，剛佷者又掘强無潤，矜斂者弊於拘束，脱易者失於規矩，温柔者傷於軟緩，躁勇者過於剽迫，狐疑者溺於滯澁，遲重者終於蹇鈍，輕瑣者染於俗吏。斯皆獨行之士，偏玩所乖。』

校注

〔一〕『而』吴抄本作『有』。

〔二〕原本、四庫本省略自『一合也』至『暢無不適』凡一百零七字，今據孫過庭《書譜》原蹟補録。

〔三〕『多』字原脱，今據孫過庭《書譜》原蹟補。

〔四〕『畫讚』原作『方朔』，今據孫過庭《書譜》原蹟改。

〔五〕『太師箴』原作『大師藏』，『争』吴抄本作『曲』，孫過庭《書譜》原蹟作『《太師箴》又縱横争折』。

〔六〕『暨』原作『竪』，今據孫過庭《書譜》原蹟改。

〔七〕『慘』吴抄本作『懆』。

〔八〕『動乎』原作『會於』，孫過庭《書譜》原蹟作『情動形言』。

〔九〕『宷』四庫本作『睿』，孫過庭《書譜》原蹟作『審』。

〔十〕『努』原作『弩』，今據孫過庭《書譜》原蹟改。

〔十一〕『標』原作『操』，今據孫過庭《書譜》原蹟改。

〔十二〕『工』原作『二』，今據孫過庭《書譜》原蹟改。

〔十三〕原本、四庫本省略自『乍剛柔以合體』至『挫折槎枿』凡二十六字，今據孫過庭《書譜》原蹟補録。

〔十四〕『内存骨氣』孫過庭《書譜》原蹟作『假令衆妙攸歸，務存骨氣』。原本、四庫本省略自『骨既存矣』至文末『獨行之士』，吴抄本與孫過庭《書譜》原蹟有多處異文。今據孫過庭《書譜》原蹟補録。

張懷瓘云：『古人妙迹，用思沉鬱，自非冥搜不可得見。固大巧若拙，明道若昧，汎濫則混於愚智，研味則駭於心神。百靈儼其如前，萬象森兮自矚〔一〕，雷電興滅，光陰糾紛，考無説而究情，察無形而得相，隨變恍惚，窮深杳冥〔二〕，金山玉林敫乎其内〔三〕，何奇不有，何怪不儲。無物之象，藏之於密，静而求之或存，躁而求之或失〔四〕；雖明目諦察而不見，長策審逼而不知〔五〕。豈徒倒薤、懸針、偃波、垂露而已哉？』訣曰：『彩者〔六〕，字之神也。神馭氣，氣馭形，形合骨肉，肉全神色。』

校　注

〔一〕『兮自』吴抄本作『其在』。

〔二〕『窮』吴抄本作『最』。

〔三〕『敫』吴抄本作『殷』，四庫本作『敷』。

〔四〕吴抄本脱『存，躁而求之或』六字。

〔五〕『逼』吴抄本作『迫』。

〔六〕吴抄本、四庫本『彩』後有『色』字。

歐陽修曰：『作字要熟，熟則神氣完全。』

姜堯章云：『風神，一須人品高，二須師法古，三須紙墨佳，四須險勁，五須高明，六須潤澤，七須向背得宜，八須時出新意則自然。長者如秀整之士，短者如精悍之徒，瘦者如山澤之癯，肥者如貴游之子〔一〕。勁者如武夫，媚者如美女，欹斜者如醉仙，端楷者如賢士。』

校注

〔一〕『子』吴抄本作『士』。

《運筆訣》云〔一〕：『遺迹古法，事理昭然，用舍變通，誠難定執，神彩風姿，隨宜自立。』

校注

〔一〕《運筆訣》作者無考，是書現已亡佚。

《書圖譜》云〔一〕：『情之喜怒哀樂，各有分數。氣之清和肅莊，奇麗古淡，互有出入。』

校注

〔一〕『書圖』吴抄本作『書畫』，四庫本作『圖書』。就現存文獻來看，并無《書圖譜》，而後文《印譜》中有載楊克一《圖書譜》一卷，故此段或引自該書，然該書現已亡佚。

遲速

虞安吉云〔一〕：『太緩無筋，太急無骨。』〔二〕

校注

〔一〕虞安吉，東晋人，曾與王羲之共事。虞世南《筆髓論·指意》引虞安吉論書云：『未解書者，一點一畫皆求象本，乃轉自取拙，豈成書耶！太緩而無筋，太急而無骨，横毫側管則鈍慢而肉多，竪筆直鋒則乾枯而露骨。』

〔二〕『太』原作『大』，今據吴抄本補。

《筆勢論》云〔一〕：『意在筆前，字居心後〔二〕。未作之始，結思成矣。仍下筆不用急，故須遲，何也？筆爲將軍，故須持重。心欲急不欲遲，何也？心爲箭鋒，不欲遲，遲則中物不入，每字欲十遲五急，十曲五直，十藏五出，十起五伏，方可謂書。若直筆急牽裹，此暫視似書〔三〕，久味無力。』

校注

〔一〕此段文字略摘引自王羲之《書論》，《筆勢論》誤。
〔二〕『心』吴抄本作『筆』。
〔三〕吴抄本脱『似』字。

又曰〔一〕：『初業書要類乎本，緩筆定其形勢，忙則失其規矩。但取形質快健，手腕輕便，方圓、大小各不相犯。莫以字小易而忙行筆勢〔二〕，莫以字大難而慢展毫頭〔三〕。』

校注

〔一〕『曰』吴抄本作『云』，下同，此段引自王羲之《筆勢論·譬成章》。
〔二〕『字小』四庫本作『小字』，『易』吴抄本作『勇』。
〔三〕『字大』四庫本作『大字』。

《筆髓論》云：『遲速虛實若輪扁斲輪，不疾不徐，得之於心，應之於手，心口不能言也。』

歐陽詢云：『最不可忙，忙則失勢。次不可緩，緩則骨癡。』

孫過庭云：『至有未悟淹留，偏追勁疾〔一〕，不能迅速，翻效持重〔二〕。夫勁速者，超逸之機；遲留者，賞會之致。將反其速〔三〕，行臻會美之方；專溺於遲，終爽絶倫之妙。能速不速，所謂淹留；因遲就遲，詎名賞會！非其心閒手敏，難以兼通。』

校注

〔一〕『偏追勁疾』原作『偏退勁疾』，吴抄本作『偏追勁速』，四庫本作『偏思勁疾』，今據孫過庭《書譜》原蹟改。

〔二〕『翻』四庫本作『偏』，誤。

〔三〕『反』原作『及』，今據孫過庭《書譜》原蹟改。

訣云：『速則神在其中，遲則妙在其内。能速而速，謂之入神；能速而不速，謂之賞會。未能速而速，謂之狂馳；不當遲而遲，謂之淹滯。狂馳則形勢不全〔一〕，淹滯則骨肉重濁〔二〕。』又云：『能縱横斜直，不速而行，不止而緩。腕不停筆，筆不離紙，實按而和，意在筆前。心不速而神氣短，筆不遲而形色枯。一速一遲，乃得剛柔相濟，表裏相資。』

校注

〔一〕四庫本「馳」前脱「狂」字。

〔二〕「滯」吴抄本作「留」。

姜堯章云：「遲以取妍，速以取勁（止）〔一〕，必先能速而後爲遲。若素不能速，而專事遲，則無神氣，若專事速，又多失勢。」

校注

〔一〕原本、四庫本省略自「必先能速」至「若專事速」凡二十五字，今據吴抄本補録。

《密法》曰〔一〕：「遲筆法於疾，疾筆法於遲（止）〔二〕，逆入倒出，取勢如功，診候調停，偏宜寂静。」

校注

〔一〕此句摘引自《書苑菁華》卷二《翰林密論二十四條用筆法》。

〔二〕原本、四庫本省略『逆入倒出，取勢如功，診候調停』凡十二字，今據吴抄本補録。

方圓

《翰林隱術》云〔一〕：『崔子玉云，觀其法象，俯仰有儀，方不中矩，圓不中規，抑左揚右，望之若欹。』

校注

〔一〕是書現已無考，作者不詳，《書苑菁華》卷十九《唐范陽盧雋臨妙訣》中有提及。

虞世南云〔一〕：『字之形者，如目之視也。爲目有止限，明執字體，既有質滯，爲目所視〔二〕，遠近不同，如水在方圓，豈由乎水？且筆妙喻水〔三〕，方圓喻字，所視則同，遠近則異。』

校注

〔一〕此段引自唐虞世南《筆髓論》，參見《書苑菁華》卷一。

〔二〕『目』原作『日』，語義不通，今據四庫本改。

〔三〕吴抄本脱『妙』字。

《變通異訣》云〔一〕：『方以圓成，圓由方得。舍方求圓，則骨氣莫合〔二〕。舍圓求方，則神氣不潤。方不變，謂之斗，圓不變，謂之環。此書之大病也。』

校注

〔一〕是書現已無考，作者不詳，《書苑菁華》卷十九有引《變通異訣》，其云：『點不變謂之布棋，畫不變謂之布算，方不變謂之斗，圓不變謂之環，此則書之大病，學者切宜慎之。』

〔二〕『合』吴抄本作『全』。

張懷瓘云：『蓋欲方而有規，圓而不失矩，亦猶人之指腕，促則如指之卷〔一〕，賒則如腕之屈〔二〕，理須裹之以皮肉〔三〕，若露筋骨〔四〕，是乃疾也〔五〕，豈曰壯哉！書亦須圓轉〔六〕，順其天理；若懾成稜角〔七〕，是乃病也，豈曰力哉！』

校注

〔一〕『促』原作『但』，今據吴抄本、四庫本、張懷瓘《評書藥石論》改。
〔二〕『腕』吴抄本作『指』。
〔三〕四庫本『肉』字後有『爲皮肉』三字。
〔四〕『骨』原作『力』，今據吴抄本、張懷瓘《評書藥石論》改。
〔五〕『疾』吴抄本作『病』。
〔六〕『亦』原作『一』，今據吴抄本、張懷瓘《評書藥石論》改。
〔七〕吴抄本脱『懾』字。

姜堯章云：『方圓者，真草之體用。真貴方，草貴圓。方者參之以圓，圓者參之以方，斯爲妙矣〔一〕。然方圓曲直〔二〕，不可顯露，直須涵泳，一出自然。真多用折，草多用轉。折欲少駐，駐則有力。轉不欲滯，滯則不通〔三〕。然而真以轉而後通，草以折而後勁。方長嚴肅爲體〔四〕，圓轉輕健爲用。』

校注

〔一〕『妙』吴抄本作『美』。
〔二〕『然』吴抄本作『若』。

〔三〕『通』吴抄本作『逌』，下同。
〔四〕吴抄本脱『嚴肅』二字。

法書考卷之七　工用

王右軍過江觀覽名刻，嘆學衛夫人書徒費歲月，故學書必當知所宗尚〔一〕，乃能知所用力。至于臨摹之功，丹墨之要〔二〕，皆宜精究也。

校注

〔一〕『必』吴抄本作『者以』，『所』後有『終』字。

〔二〕『要』吴抄本作『妙』。

宗學

右軍云：『須尋諸名書〔一〕，鍾、張信爲絶倫，其餘不足觀。』

張旭云：『妙在執筆，令其圓暢，勿使拘攣。其次識法，須口傳手授，勿使無度，所謂筆法也。其次在布置，不慢不迫，巧使合宜。其次變通適懷，縱合規矩。其次紙筆精佳〔二〕。』

校注

〔一〕『須』孫過庭《書譜》原蹟作『頊』。

〔二〕『筆』吴抄本作『墨』，此段摘引自顏真卿《張長史十二意筆法》。

虞世南云：『掇筆往來，懸管自在。但取體勢雄壯〔一〕，不可拘其小節。若畏懼生疑，否臧不決，運用迷於筆前〔二〕，振動惑於手下〔三〕。師心固乎獨見〔四〕，弟子執其寡聞，恥請問于智人，忌藝能之勝己。若欲造玄微〔五〕，未之見也。』〔六〕

校注

〔一〕『體勢』原作『體體』，今據吴抄本改。

〔二〕『運』吴抄本作『動』。

〔三〕吴抄本脱『惑』字。

〔四〕『固』，吴抄本、四庫本作『囿』。

〔五〕原本脱『微』字，今據吴抄本補。

〔六〕此段摘引自《書苑菁華》卷二，但出於宋人陳思之語，而非虞世南，疑盛氏誤引。

張懷瓘云：『夫物芸芸〔一〕，各歸其根，復本之謂也〔二〕。書復于本，上則法於自然，次則歸於篆籀〔三〕，又次者師於鍾、王〔四〕。夫學鍾、王尚不能繼，虞、褚況冗冗者哉！』又云：『一點一畫，意態縱横。偃亞中間，綽有餘裕，然字峻秀〔五〕，類於生動，幽若深遠，焕若神明，以不測爲量者，書之妙也。是曰無病，動而行之益佳〔六〕，其有方闊齊平〔七〕，支體肥腯〔八〕，布置逼仄，有所不容，稜角且形〔九〕，神氣昏濛，以濃墨爲華者，書之困也。是曰疾甚〔十〕，須毒藥以攻之。』

校　注

〔一〕『夫物芸芸』吴抄本作『大物芒芒』。此段摘引自張懷瓘《評書藥石論》，參見《書苑菁華》卷十二。

〔二〕吴抄本脱『之』字。

〔三〕『於』吴抄本作『乎』。

〔四〕吴抄本『又』後有『其』字。

〔五〕『然』張懷瓘《評書藥石論》作『結』。

〔六〕『動』吴抄本作『勤』。

〔七〕『其』吴抄本作『若』，『闊』吴抄本作『潤』。

〔八〕『支』原作『交』，今據吴抄本、四庫本改。

〔九〕原脱『形』字，今據四庫本、吴抄本補。

〔十〕『疾甚』原作『病消』，今據吴抄本、四庫本、張懷瓘《評書藥石論》改。

孫過庭云〔一〕：『趣向適時，行書爲妙，要之，題勒方富，真乃居先〔二〕。草不兼真，殆於專謹〔三〕；真不通草，殊非翰札。真以點畫爲形質，使轉爲情性〔四〕；草以點畫爲情性，使轉爲形質。草乖使轉，不能成字；真虧點畫，尤可記文。回互雖殊，大體相涉。故亦旁通二篆〔五〕，俯貫八分，包括篇章，涵泳飛白。若毫釐不察〔六〕，則胡越殊風者焉。至于鍾繇隸奇，張芝草聖，此乃專精一體，以致絶倫。伯英不真，而點畫狼籍；元常不草，而使轉縱横。自兹以降，不能兼善者，有所不逮〔七〕，非專精也。雖篆、隸、草、章〔八〕，工用多變，而濟成厥美，各有攸宜。篆尚婉而通，隸欲精而密，草貴流而暢，章務檢而便〔九〕。然後凛之以風神〔十〕，温之以妍潤〔十一〕，鼓之以枯勁，和之以閑雅。故可達其情性，形其哀樂。』

校注

〔一〕『過庭』前原脱『孫』字，今據吴抄本補。此段引自孫過庭《書譜》。

〔二〕此句孫過庭《書譜》原蹟作『加以趨變適時，行書爲要；題勒方畐，真乃居先』。

〔三〕『殆』四庫本作『殊』，誤。

〔四〕『使』吴抄本作『便』，『情性』原作『情性』，均誤，下同。

〔五〕『篆』原作『家』，今據孫過庭《書譜》原蹟改。

〔六〕『毫釐』原作『釐毫』，今據孫過庭《書譜》原蹟改。

〔七〕『有所』原本作『所有』，吴抄本作『以所』，今據孫過庭《書譜》原蹟改。

〔八〕吴抄本作『雖篆、籀、章、草』，誤。

〔九〕『務』吴抄本作『貴』，『檢』原作『險』，均誤，今據孫過庭《書譜》原蹟改。

〔十〕『然後』原作『然而』，誤，今據孫過庭《書譜》原蹟改。

〔十一〕『妍』吴抄本作『好』，誤。

又云：『貴能古不乖時，今不同弊。但右軍之書，代多稱習，良可據爲宗匠，取立指歸〔一〕。豈惟會古通今，亦乃情深調合。致使摹搨日廣，研習歲滋，先後著名，多從散落，歷代終始〔二〕，非其效與？夫運用之方，雖由己出，規模所設〔三〕，信屬目前，差之毫釐，失以千里〔四〕，苟知其術，適可兼通。心不厭精，手不忘熟〔五〕。若運用盡于精熟，規矩諳於胸襟〔六〕，自然容與徘徊，意先筆後。瀟灑流落〔七〕，翰逸神飛。亦猶弘羊之心，預乎無際；庖丁之目，不見全牛。若思通楷則，少不如老；學成規矩，則老不如少。思則老而愈妙，學乃少而可勉。勉之不已，抑有三時；時然一變，極其分矣。至如初學分布，但求平正〔八〕，既知平正，務追險絶，既能險絶〔九〕，復歸平正。初謂未及，中則過之，後乃通會。通會之際〔十〕，人書俱老。』

校注

〔一〕『指』，吴抄本、四庫本作『旨』。

〔二〕『終始』吴抄本作『始終』。

〔三〕『模』吴抄本作『撫』。

〔四〕『以』吴抄本作『已』。

〔五〕『忘』原作『忌』，今據吴抄本、四庫本改。

〔六〕『諳』吴抄本作『得』，四庫本作『暗』。

〔七〕『落』吴抄本作『利』。

〔八〕自『既知平正』至『追迹鍾、王，來』錯版，傅增湘校勘記云：『此下缺一葉，凡四百十六字。』这些文字錯置於『臨摹』章下『易於成就』與『皆須是古人名筆』之間。傅增湘校勘記云：『「既知平正」以下接上葉末行「易於成就」接下「皆須是古人名筆」爲句。』今據吴抄本順序整理。

〔九〕『能』吴抄本作『追』，今據孫過庭《書譜》原蹟改。

〔十〕『後乃通會。通會之際』吴抄本作『會通之際』，今據孫過庭《書譜》原蹟改。

李華云〔一〕：『大抵字不可拙，亦不可巧。不可今，亦不可古〔二〕。華質相半可也。鍾、王之法，悉而備矣。近世虞世南深得其體，别有婉媚之態。』

校注

〔一〕此段引自李華《論書》，可參《書苑菁華》卷十二。

〔二〕吴抄本脱『亦』字。

徐季海云〔一〕：『張伯英臨池學書，池水盡黑〔二〕。永禪師登樓不下四十餘年。張公精熟，號爲草聖。永師拘滯，終著能名。以此而言，非一朝一夕所能盡美。俗云：「書無百日工。」悠悠之談也〔三〕。』

校注

〔一〕此段摘引自唐徐浩《書法論》，參考《墨池編》卷一。

〔二〕『黑』吴抄本作『墨』。

〔三〕吴抄本『悠悠』前有『蓋』字。

《臨池訣》云〔一〕：『第一用紙墨，第二認勢，第三裹束，第四真如立，行如行〔二〕，第五草如走，第六上稀，第七中匀，第八下密。』

校　注

〔一〕『訣』原作『談』，今據吴抄本改。
〔二〕吴抄本、四庫本作『行如走』。

張敬玄云：『初學必先真書，若便學縱體爲宗主，真體難成矣。』

宋高宗云：『士於書法，必先學真書。以八法俱備，不相附麗，至側字亦可正讀，不渝本體〔一〕，盖篆隸之遺風〔二〕。若楷法既到，則肆業行、草〔三〕，自然臻妙。』

校　注

〔一〕『渝』吴抄本作『論』。
〔二〕『隸』吴抄本作『籀』。
〔三〕『業』吴抄本作『筆』。

朱文公《筆法銘》云〔一〕：『握管濡毫，伸紙行墨，一在其間〔二〕。點點畫畫，放意則荒，取妍則惑，必有事焉，神明厥德〔三〕。』

校注

〔一〕原脱『法』字、『云』字，今據吴抄本、四庫本補。朱文公，朱熹謚號文，後世稱朱文公，有《筆法銘》一書。

〔二〕『在』吴抄本作『於』。

〔三〕『厥』吴抄本、四庫本作『其』。

姜堯章云：『下筆盡倣古人，則少神氣；專務遒勁，則俗疾不除〔一〕。』又云：『或者專喜方正，極意歐、顔；或者專務匀圓，留心虞、永。或謂體須稍匾，則自然平正，此又有徐會稽之病；或謂欲其蕭散，則自不塵俗，此又有王子敬之風。豈足盡書法之美哉！歐陽率更雖結體太拘〔二〕，而用筆特備衆美，雖少楷則〔三〕，而翰墨洒落追迹鍾、王〔四〕，來者不能及矣。顔、柳結體既異古人〔五〕，用筆復溺一偏，書法一變，字畫剛勁高明，固不爲無助，而晋魏之風軌掃地矣！』僧傳曰：『政禪師攻書〔六〕，筆法絶，如晋宋間人〔七〕，常笑學者臨法帖曰：彼皆知翰墨爲貴者，其工皆有意，令童子書畫多純筆，可法也。』

校注

〔一〕『疾』吴抄本作『病』。

〔二〕四庫本『歐』後脱『陽』字。

〔三〕『少楷則』原作『小楷』，今據吴抄本改。

〔四〕『迹』吴抄本、四庫本作『蹤』。『追迹鍾、王，來』後接『皆須是古人名筆』，錯簡。傅增湘校勘記云：『接上葉「來者不能及矣」爲句。』今據吴抄本順序整理。

〔五〕『既異古人』吴抄本作『雖異』。

〔六〕『攻』吴抄本作『工』。

〔七〕『宋』吴抄本作『魏』。

臨摹

《筆勢論》云：『始書之時，不可盡其形勢，一徧正脚手〔一〕，二徧少得形勢，三徧微微似本，四徧加其遒潤，五徧兼加抽拔，如其生澁，筆下不滑，兩行一度創臨，惟須筆滑，不得計其徧數。』

校注

〔一〕吴抄本脱『脚』字。

唐太宗云：『朕少時頻遭陣敵，必自指揮，觀行陣即知其强弱〔一〕。每取吾弱對其强，以吾强對其弱。敵犯吾弱，追奔不踰百數十步〔二〕，吾擊其弱，必突過其陣，自背而反擊之，無不大潰，多用此制勝。思得其理，深也！今吾臨古人之書，殊不學其形勢，惟在求其骨力，及得其骨力，而形勢自生耳〔三〕！然吾之所爲皆先作意，是以果能成也。』

校注

〔一〕原脱『觀行陣』三字，今據吴抄本補。

〔二〕吴抄本『踰』後衍一『數』字。

〔三〕『勢』吴抄本作『態』。

張懷瓘云：『夫簡兵則觸目而是，擇將則萬不得一。固與衆同者，俗物；與衆異者，奇材。書亦如之然。爲將之明〔一〕，不必披圖講法，明在臨陣制勝，爲書之妙，不必印文按本〔二〕，妙在應變無方，皆能遇事從宜，決之於度内者也。』虞安吉云：『未解書意者，一點一畫皆求象本，乃轉自取拙，豈成書耶！』姜堯章云：『摹書最易。』唐太宗云：『卧王濛於紙上，坐徐偃於筆下，可以嗤笑子雲，唯初學者不得不摹。亦以節度其手，易於成就。皆須是古人名筆置之几案〔三〕，懸之座右，朝夕諦觀，思其運筆之理，然後可以摹臨。其次雙鈎蠟本〔四〕，須精意摹搨，乃不失位置之美耳。臨書易進，摹書難忌〔五〕，經意與不經意也。夫臨摹之際，毫髮失真，則精神頓異〔六〕，所貴詳謹。』

校注

〔一〕『將』吴抄本作『陣』。
〔二〕『印』吴抄本作『應』。
〔三〕原本『皆須是古人名筆』前接『追迹鍾、王，來』，錯簡。今據吴抄本順序整理。
〔四〕吴抄本脱『蠟』字。
〔五〕『難忌』吴抄本、四庫本作『易忘』。
〔六〕『頓』吴抄本作『頻』。

又云：『字書專以風神超邁爲主〔一〕，刻之金石，其可苟哉〔二〕？雙鈎之法〔三〕，須墨暈不出字外，或填其内，或朱其背。正得肥瘦之本體，雖然尤貴於瘦硬〔四〕，使工人刻之，又從而刮治之，則瘦者亦肥矣。雙鈎時須倒置之，則無容私意於其間〔五〕，誠使下本明上，紙薄倒鈎，何害？若下本晦上，紙薄却須能書者爲之，法其筆意〔六〕，可也。夫鋒芒圭角，字之精神〔七〕。大抵雙鈎多失，又須朱其背時，稍致意焉。』

校注

〔一〕『字書』四庫本作『書字』。
〔二〕『哉』吴抄本作『乎』。
〔三〕『雙鈎』吴抄本作『摹字』。
〔四〕『瘦硬』吴抄本作『瘦勁』。
〔五〕『則』吴抄本作『使』。
〔六〕『法』吴抄本、四庫本作『發』。
〔七〕此句吴抄本作『夫鋒芒者蓋字之精神』。

丹墨

右軍云：『紙剛用軟筆，紙柔用硬筆。純剛如錐畫石，純柔如印沙〔一〕。既不圓暢，神格亡矣。書石用紙剛例，蓋其相得也。』又云：『用筆著墨不過三分，不得深浸，毛弱無力，墨用松節同研，久彌佳矣。』

校注

〔一〕『印沙』吴抄本作『泥洗泥』。

米元章《書史》云：『古書畫皆圓，蓋有助於器。唐皆鳳池研，中心如瓦凹。故曰研瓦，一援筆因凹勢鋒已圓〔一〕，書畫安得不圓〔二〕？今研始心平如紙〔三〕，一援筆則褊〔四〕，故字亦褊，又近有鍬心凸研，援筆即三角，字安得圓哉？』

校注

〔一〕吴抄本脱『鋒』字。

〔二〕『圓』吴抄本作『圜』，下同。

〔三〕『研始』四庫本作『硯治』。吴抄本『始』作『如』，『紙』作『砥』。

〔四〕『褊』四庫本作『匾』，下同。

姜堯章云：『欲刻者不失真，未有若書丹者。然筆得墨則瘦〔一〕，得朱則肥。故書丹先以瘦爲奇，而圓熟美潤常有餘，燥勁老古常不足〔二〕，朱使然也。』

校注

〔一〕『得』吴抄本作『浮』。

〔二〕『老古』吴抄本作『古老』，此段摘自姜夔《續書譜·書丹》，其中『老古』作『蒼古』。

又云：『作楷欲乾，然不可太燥。行書則燥潤相雜〔一〕，潤以取妍，燥以取險〔二〕。墨濃則筆滯，墨燥則筆枯。欲筆鋒長勁而圓〔三〕，長則含墨〔四〕，可以運勁則有力〔五〕，圓則妍美。蓋紙、筆、墨皆書法之一助也。』

校　注

〔一〕『書』吴抄本作『草』。

〔二〕『取』吴抄本作『求』，此段摘引自《續書譜·書丹》，其作『取』。

〔三〕『欲筆鋒』原作『筆欲鋒』，今據四庫本改。

〔四〕吴抄本脱『長』字。

〔五〕吴抄本『運』後有『動』字。

法書考卷之八　附録

印章

印制。《周禮·璽節》鄭氏注云：『璽節者，今之印章也。』許慎《説文》云〔一〕：『印，執政所持信也〔二〕。』徐鍇云：『從爪，手爪以持信也〔三〕。』衛宏曰：『秦以前民皆以金玉爲印，龍虎鈕惟其所好。然則秦以來天子獨以印稱璽，又獨以玉，群臣莫敢用也。七雄之時，臣下璽始稱曰印。』

校注

〔一〕『慎』吴抄本作『氏』。

〔二〕『政』原作『岐』，不通，今據吴抄本、四庫本改。

〔三〕『爪，手』四庫本作『手，爪』。

漢制。諸侯王金璽〔一〕，璽之言信也，古者印、璽通名。《漢舊儀》云〔二〕：『諸侯王，黄金璽，槖佗鈕〔三〕。文曰璽，謂刻曰某王之璽。列侯黄金印，龜鈕，文曰某侯之章。丞相、太尉與三公前、後、左、右將軍黄金印〔四〕，龜鈕，文曰章。中二千石，銀印，龜鈕，文曰章。千石、六百石、四百石至二百石以上皆銅印，鼻鈕，文曰印。』

建武元年，詔諸侯王金印綟綬〔五〕，公侯金印紫綬，中二千石以上銀印青綬，千石至四百石以下銅印墨綬及黄綬。

校注

〔一〕『諸』吴抄本作『漢』。

〔二〕《漢舊儀》：東漢衛宏撰，主要記述皇帝起居、官制、名號職掌、中宫及太子制度、二十等爵等内容，是研究漢史的重要資料之一。原爲四卷，今本《漢官舊儀》二卷，係殘本，清人孫星衍有校證，并輯補遺二卷。

〔三〕『佗』吴抄本作『駝』。

〔四〕『太尉與』吴抄本作『與太尉』。

〔五〕『綟』四庫本作『赤』。按此段摘引自《東觀漢記》卷四，其作『綟』。

陳制。金章或龜鈕、貔鈕、豹鈕〔一〕，銀章爲龜鈕、熊鈕、羆鈕、羔鈕、鹿鈕〔二〕，銀印爲珪鈕、兔鈕，銅印率環鈕。

校注

〔一〕據前後文義，『或』疑『爲』之誤，吴抄本『貔鈕』後有『獸鈕』二字。

〔二〕『爲』吴抄本作『或』，吴抄本無『鹿鈕』。

吾衍曰：『漢晋諸印，皆大不踰寸，惟異其鈕，以別主守之上下。諸侯王印以槖佗〔一〕，列侯以龜，將軍以虎，於蠻夷則虵、虺、駝、兔之屬，示周禮六節之義也〔二〕。其字皆白文，常職多瓦鈕〔三〕，令、長印止作鼻鈕〔四〕，可綰而已。其印文惟侯印就範中鑄字，極精緻，是擇日封拜，非急遽爲之也。虛爵者，填其文以金銀。當時未有署僉，以印爲信，故軍中印皆鑿，官重者兩鑿成文，官卑者畫一鑿〔五〕，或字有疏密不一，則密文細而疏文肥。人名私印，其六面者多鑿〔六〕，餘亦皆鑄。率多爲龜鈕〔七〕。或二印一龜〔八〕，身首藏合謂之子母印。間有三級壇鈕及天祿辟邪者〔九〕，或大小爲兩面，晋印猶有漢印，惟私印間有〔十〕。』

校注

〔一〕『佗』吴抄本作『駝』。

〔二〕『示』吴抄本作『亦』。

〔三〕吴抄本『常職』後多『印』字。

〔四〕『鈕』原作『印』，今據吴抄本改。
〔五〕『畫』吴抄本作『或』。
〔六〕『六』吴抄本作『文』。吴抄本脱『者』字。
〔七〕吴抄本脱『鈕』字。
〔八〕『二印一龜』吴抄本作『一印爲一龜』。
〔九〕『間』原作『聞』，今據吴抄本改。
〔十〕『有』吴抄本、四庫本作『用』。

朱文

字體與漢不異，唐人用朱文，故古法漸廢也。

印記

唐太宗自書『貞觀』二字作二小印。

貞	觀

玄宗自書『開元』二字作一小印〔一〕。

開元

校注

〔一〕『二』原作『小』，今據吳抄本改。

集賢印、秘閣印、翰林印。（各以判司所收掌圖書定印）

翰林之印

弘文之印。（恐是東觀舊印書者，其印至小）

弘文之印

元和之印〔一〕。（恐是官印，多印搨本書畫）

元和之印

校注

〔一〕『元』原作『九』，今據吳抄本改。

東晉僕射周顗印。（古小雌字）〔一〕

周顗

校注

〔一〕『雎』吴抄本作『鵃』。

梁徐僧權印。徐

唐魏王恭印。益　龜

太平公主駙馬武延秀玉印，胡書四字，梵音云：『三藐母馱。』（今多黑塗）三藐母馱

潤州刺史徐嶠印。東海　嶠之子吏部侍郎會稽郡公徐浩，浩子璹印。會稽

議郎竇蒙印。竇蒙審定　蒙弟范陽功曹竇臮印。竇臮

延王友竇永二小字印。軌飛　

金部郎中劉繹印。彭城侯書畫記

起居舍人李造印。陶安〔一〕

校注

〔一〕吴抄本脱此條。

鄂州司馬張懷瓘弟盛王府司馬懷環印。

張氏永保

劒州司馬劉知章印。

劉氏書印

光禄大夫中書令趙國公鍾紹京印。

書印

張彦遠高祖中書令河東公印。

河東張氏

曾祖相國魏國公印。

烏石侯瑞

祖高平公二小印。

鵲瑞

鵲瑞

司徒汧國公李勉印〔一〕。

李氏印

子兵部員外郎李約印。

約

校注

〔一〕『汧』四庫本作『沂』。

趙國公李吉甫印。〔贊皇〕

御史大夫黎幹印。〔黎氏〕

桂州觀察使蕭祐印。〔蕭〕

晉公韓滉印。〔滉〕

鄴侯李泌印。〔鄴侯圖書刻章〕

宰相王涯印。〔永存珍秘〕

僕射馬總印。〔馬氏圖書〕〔一〕

校注

〔一〕吴抄本脱以上兩條。

宣州長史周昉印。〔周昉〕

張敦簡印〔一〕。 齊臣 常山之印

校注

〔一〕『敦』吴抄本作『敬』。

劒州刺史王朏印。 王朏

右諸印記千百年可爲龜鏡〔一〕，别有 軍侯司馬 安國亭侯 益 萬古 任氏言事 猗歟劉鄭 獨坐淮水 軍司司馬 。右皆未詳出處，皆識鑒之家印記并可爲証〔二〕。 蕭公書印 臨池之印 摹搨印信 又有褚氏書印，非褚河南之印也。 褚氏書記 永福印信 文經 遠書 此外更有諸家印署，皆非鑒識，不足爲証，故不具録。若不識圖畫，空驗印記，然自古及今家藏傳玩，要知跋尾印記，乃書畫之本耳。

校注

〔一〕『鏡』四庫本作『鑒』。

〔二〕『并』吴抄本作『無』。

印譜

長秋宫寶用之。（江休復《嘉祐雜志》云〔一〕：『淘蔡河獲一玉印，與篆文不同，成陰陽字。李昌言處見飛白鳳字印。』）

校注

〔一〕江休復，北宋開封人，强學博覽，爲文淳雅，尤善於詩，喜琴、弈，工隸書，有《嘉祐雜志》，然現存《嘉祐雜志》并無此段注文。

繡衣執法大夫印。（銅印，龜鈕，得之淮陰，字畫微漫，『大夫』字用嶧山碑法。）

奉車都尉。（銀錯龜鈕，遍體塗銀。）

校尉之印章。（僧贊寧《要言》曰：『近獲銅龜印，一寸餘，其文五字，其篆前兩行皆二字，第三行單「章」字紐之令長，稱副前二行。』）〔一〕

校注

〔一〕吴抄本自『僧贊寧』後注皆脱。

廷尉之印章〔一〕。

校注

〔一〕『廷』吴抄本作『校』。

軍曲侯丞章。（馬永年《懶真録》云：『今印文榜額有「之」字者〔一〕，其來久矣。太初元年夏五月，正曆以正月爲歲首，色尚黄，數用五，注云：漢用土，數五，五謂印文。若丞相曰「丞相之印章」，諸守相卿印文不足五字者，以「之」字足。右二印皆太初以後五字印也。後世不然，印文榜額有三字者足成四字，有五字者足成六字，但取端正耳，非字之本意也。』）

校注

〔一〕傅增湘校勘記云：『「榜額有『之』字」接第七葉第三行末爲文。』自『「之」字』至『印法』章下『摹印屈曲』錯簡，原置於『押署跋尾』章下『開元中，玄宗購求天下圖書，命當時鑒識人押署跋尾』之後，今據吴抄本順序整理。

倉印。（銅印甚薄，分其長而三之隆其中一段，比印身倍厚爲鈕，色如碧玉，鈕左一淺竅不透右〔一〕，按太倉令丞，漢制，主受郡國漕穀。）

校注

〔一〕『淺』吳抄本作『錢』。

督攝萬幾。（《通典》云：『北齊有木印，長一尺，廣二寸五分。背上爲鼻鈕，長九寸，厚一寸，廣七分，腹下隱起。』篆文曰：『督攝萬幾，惟以印籍，縫今齪合。』縫條印蓋原于此。）

南徐司馬之印。（銅印，鋭鈕。桓温嘗引袁高爲南徐司馬〔一〕，即此是也。印制與漢不類，蓋晉物也，然文乃楷書順字，或謂古者官印，皆佩於身，既作楷書，須順文讀之，所貴一見易讀，若是反字，雖可以印用，但擾攘時印賜臣下，貴順忌反，非若篆文，反順皆可讀也。）

校注

〔一〕『嘗』吳抄本作『常』。

賈山。（銅印，两面。山於漢文時言治亂〔一〕，曰賈山《至言》。）

校注

〔一〕『於』字原脱，今據吴抄本補。

邯鄲淳〔一〕。

（銅印，兩面。文曰子叔。史云：淳，字子叔。當以印爲正。）

校注

〔一〕吴抄本作『邯鄲淳 子叔』。

劉勝私印。

（銅印，瓦鈕，鈕上作鈕，鈕中穿一小印，鈕上見一珠下覆盆，可轉不可出。勝，姓名見東漢《杜密傳》中。）

金關封完。

（銅印，輪鈕，兩面。上皆有文，如漢鏡銘。）

武琦。

（六面印〔一〕，内有印着『臣』字者，王應先曰：『秦漢前人相語往往稱臣，不必君前然後稱臣也。』王宲曰：武琦六印，如言事言疏等文，自有序則。稱臣者當徹君前，其制度字畫，纖巧不類秦漢〔二〕，疑六朝物。）

校注

〔一〕『六面印』原作『六面甲』，四庫本作『大面甲』，語義不通，今據吴抄本改。

〔二〕『纖』原作『繊』，今據吴抄本改。

右擇其制度之異者録之，餘見各家印譜〔一〕。

校注

〔一〕『印譜』原作『譜中』，今據吴抄本改。

宣和印譜（四卷）〔一〕。

校注

〔一〕此條原脱，今據吴抄本補。

楊克一圖書譜。（一卷。又名《集古印格》，張文潛之竊其文補之〔一〕。）

校注

〔一〕『竊其文』吴抄本作『甥其父』，四庫本作『甥其文』。

王厚之復齋印譜。（字順伯，臨川人。）

嚴叔夏古印譜〔一〕。（二卷。字景周，吴人。）

校注

〔一〕『嚴叔夏』吴抄本作『顔叔夜』，四庫本作『顔叔夏』。

姜夔集古印譜。（一卷。字堯章，番陽人，自號白石生。）

吾衍古印文。（一卷。字子行，太禾人〔一〕，精篆籀。）

校注

〔一〕『太禾』吴抄本作『泰和』。吾衍，元朝人，一作吾丘衍，字子行，號貞白，又號竹房、竹素，別署真白居士、布衣道士，世稱貞白先生。浙江開化縣華埠鎮孔埠人，非江西泰和人。

趙孟頫印文。（一卷。字子昂，吴興人，善書。）

印法

秦有八體書，三曰刻符書，即古所謂謬篆。五曰摹印。蕭子良以刻符、摹印合爲一體〔一〕，徐鍇謂符者竹而中刻之〔二〕，字形半分，理應別爲一體。摹印屈曲，則秦璽文也，子良誤合之。〔三〕

校注

〔一〕『合』原作『各』，今據吴抄本改。

〔二〕『竹』四庫本作『以□』，吴抄本『者』後有『以』字。

〔三〕傅增湘校勘記云：『「屈曲」下接第四葉第十一行「則秦璽也」。』按自『其來久矣。太初元年夏五月』至『理應別爲一體。摹印屈曲』錯簡，原置於『押署跋尾』章下『開元中，玄宗購求天下圖書，命當時鑒識人押署跋尾』與『開元五年』之間，今據吴抄本順序整理。

李陽冰曰：『摹印之法有四：功侔造化，冥受鬼神，謂之神；筆畫之外，得微妙法，謂之奇；藝精於一，規矩方圓〔二〕，謂之工；繁簡相參，布置不紊，謂之巧。』

校注

〔一〕吴抄本『規』前有『謂之』二字。

趙彦衛曰〔一〕：『古印作白文〔二〕，蓋用以印泥、紫泥，封詔是也。今之木印及倉厫印近之矣〔三〕。自有紙，始用朱字，間有爲白字者。』

校注

〔一〕趙彦衛：生卒年不詳，南宋慶元初前後在世，著有《雲麓漫鈔》。
〔二〕『印』後原衍『文』字，今據吴抄本删。
〔三〕『木』吴抄本作『朱』。

米芾《書史》云：『印文須細圈，須與文等。太宗秘閣圖書之印，不滿二寸，圈文皆細，上閣圖書字印亦然。仁宗後，印經院賜經，用上閣圖書，字大印粗文〔一〕，若施於書畫，古紙素字畫多〔二〕，有損於書帖。近三館秘閣之印〔三〕，文雖細，圈乃粗如半紙〔四〕，亦印損書畫也。王詵見某家印記與唐印相似〔五〕，始换作細圈，仍皆求作篆〔六〕，如填篆自有法，世填皆無法。貞觀、開元皆小印，便於印縫大者，圈刓角一寸已以〔七〕，古篆於《鶺鴒頌》上見之〔八〕。』又云：『唐印郭如一〔九〕，細如絲髮〔十〕，篆文取稱不必專滿，世所收唐告可考也〔十一〕。今印文可篆回環曲折〔十二〕，更無餘地，郭倍於文。」

校注

〔一〕吴抄本「粗」後脱「文」字。

〔二〕「古」原作「占」，今據吴抄本改。

〔三〕「秘閣之印」原作「私閣之文印」，今據吴抄本改。

〔四〕「紙」吴抄本作「指」，疑是。

〔五〕「詵」原作「説」，今據吴抄本改，米芾《畫史》亦作「王詵」。「某」吴抄本作「其」。

〔六〕「作」吴抄本作「其」。

〔七〕「以」吴抄本作「上」。

〔八〕吴抄本脱「上」字。

〔九〕吴抄本「印」後有「文」字。

〔十〕「絲」吴抄本作「毫」。

〔十一〕吴抄本「世」後脱「所」字。「告」吴抄本作「文」。

〔十二〕「可」吴抄本作「所」。

吾衍《摹印法》：漢有摹印篆，只是方正，篆法與隸相通。後人不識古印，妄加盤屈〔一〕，且以爲法。多見故家藏得漢印字皆方正，近乎隸書〔二〕，此即摹印篆也，凡屈曲盤回，唐始如此。今碑刻有顔魯公『告尚書省』印可考。

校　注

〔一〕吴抄本作『妄皆盤曲』。

〔二〕『乎』吴抄本作『似』。

白字印。（皆用漢篆，平方正直，字下可圜〔一〕，縱有斜筆，出當取巧寫過〔二〕。如崔子玉寫《張平子碑》上字及漢器上并碑蓋印章等字〔三〕，最第一。其印文必過於邊〔四〕，不可空，空即不古〔五〕。）

校　注

〔一〕『下』吴抄本作『不』。

〔二〕『出』吴抄本作『亦』。

〔三〕『張平子碑』吴抄本作『張平子書碑』。

〔四〕『過』吴抄本作『逼』。

〔五〕『且』吴抄本作『即』。

朱文印〔一〕。（或用雜體篆，不可太怪。擇其近人情者，免費詞説，其印文不可逼邊。須常以空〔二〕，中空白得，中處爲相法〔三〕，庶免印出與邊相倚也。字宜細於四旁，有出筆皆滯邊〔四〕，邊須細於字〔五〕，字若一體，印出時四邊虚，紙昂起未免邊肥於字，粘邊朱文建業文房之法也。）

校注

〔一〕『朱文印』吴抄本作『朱字印』。

〔二〕『常』吴抄本作『當』。

〔三〕『宜』吴抄本作『去』。

〔四〕『皆滯』吴抄本作『須帶』。

〔五〕吴抄本『須』後衍『宜』字。

三字印。（一邊一字一邊兩字者，以兩字處與一字處相等，不可兩字中斷，又不可太相接。凡印文中有一二字偶有自然空不可映帶者聽其自空〔一〕，古印多如此。文下有空處，懸之最佳，不可妄意伸屈，務填滿〔二〕。若寫之得法〔三〕，自不覺空處，凡印文中有匾口如子字〔四〕，上口須寬〔五〕，使口中見空，稍多方渾厚，漢印多如此〔六〕。）

校注

〔一〕吴抄本『空』後衍『缺』字。『空』原作『坐』，今據吴抄本改。

〔二〕『務』吴抄本作『移欲』。

〔三〕『法』吴抄本作『佳』。

〔四〕『子』字原脱，今據吴抄本補。

〔五〕吴抄本『口』後衍『略』字。

〔六〕『多』字原脱，今據吴抄本補。

四字印。（若前二字交界有空〔一〕，後二字無須當空一畫地别之〔二〕，字有脚，故言及此，不然，一邊見分，一邊不分，非法度也。）

校注

〔一〕『界』原作『果』，今據吴抄本改。

〔二〕吴抄本脱『一』字。

軒齋等印。（古無此式，惟唐相李泌有端居室白文五印〔一〕，或可爲法，白文終非法，不若只從朱文。唐人雖有號，未嘗作印，三字屋扁却有之。）

校　注

〔一〕『五』吴抄本作『玉』。

名印。（不可妄寫，姓名相合，或加『印』、『章』等字〔一〕，或兼用『印章』字，曰『姓某印章』，不若只用『印』字爲正也。二名者可回文寫姓下著『印』字在右，二名在左是也〔二〕。單名者，曰『姓某之印』，却不可回文寫名，印内不得著『氏』字。）

校　注

〔一〕『章』原作『字』，今據吴抄本改。

〔二〕吴抄本『右』、『左』顛倒。

表字印。（只用二字，此爲正式。近人欲并知姓氏，加『氏』其上，曰『某氏某』，若作『姓某父』〔一〕，古雖有此稱，係他人美己，却不可入印。漢人三字印，非複姓及無印字者皆非名印，蓋字印不可以『印』字亂耳。漢張安，字幼君，有印曰『張幼君』，右一字，左二字。唐吕温，字化光，有印曰『吕化光』。此亦三字表字印式也。）

校注

〔一〕『父』原作『文』，今據吴抄本改。

押署跋尾〔一〕

校注

〔一〕按下文多摘引自《歷代名畫記》卷三《叙自古跋尾押署》。

前代御府自晋宋至於隋，收聚圖書皆未行印記〔一〕，但備列當時鑒識藝人押署。

校注

〔一〕『行』吴抄本作『可』。

宋：張則、袁倩、陸綏。

齊：劉瑱、毛惠遠。

梁：沈熾文、唐懷充、徐僧權、孫子真、法象、庾於陵、徐湯、孫達〔一〕、姚懷珍、滿騫、范胤祖、顧操、江僧寶、陳延祖〔二〕。

陳：杜僧譚、黃高。

北齊：丁道矜。

隋：江総、姚察、朱昇〔三〕、何妥。

校注

〔一〕『孫達』吳抄本作『孫逵』。

〔二〕吳抄本『顧操』列於『陳延祖』之後。

〔三〕『朱昇』吳抄本作『朱异』，此或爲梁朝人『朱异』。

大業年月日。（奉勑裝。）

開皇年月日。（內史薛道衡署名跋尾。）

亦有開皇年月日。（參軍事學士諸葛穎，咨議參軍開府學士柳顧言、釋智果。）

唐武德初秦王府跋尾。（薛收、褚亮、虞世南。）

貞觀中褚河南等監裝背，并有當時鑒識人押署。

貞觀十一年月日。（樊行整裝，李德穎數〔一〕，平儼、蘇旭〔二〕、韋挺監。）

十二年月日。（題署同十一年。）

十三年月日。（臣行直裝，臣褚遂良監，臣無忌、臣玄齡、臣士廉、臣徵、臣君集、臣楊師道、李大亮、唐儉、臣孝恭、劉德威、章挺〔三〕、馮長命、唐皎，亦有不署馮長命、唐皎者。）

十四年月日。（張龍裝〔四〕，臣士廉、徵、楊師道、褚遂良、姜行本，亦有蔡孺裝〔五〕。）

十五年十六年。（張龍樹裝，褚遂良、楊師道、魏徵、房玄齡，無他人名。）

十七年、十八年、十九年。（褚遂良監，無他人名，是開元中割却。）

校注

〔一〕『數』或『署』之音近而誤。

〔二〕『蘇旭』吴抄本作『曹勗』。

〔三〕『章挺』吴抄本作『韋挺』。按《舊唐書》卷七七有『韋挺傳』，『韋挺』疑是。

〔四〕『張龍裝』吴抄本作『張龍樹裝』，按《歷代名畫記》卷三《叙自古跋尾押署》中亦作『張龍樹裝』。

〔五〕『蔡孺』吴抄本作『蔡撝』。

開元中，玄宗購求天下圖書，命當時鑒識人押署跋尾。劉懷信等亦或割去前代名氏，以己

等名氏代之。〔一〕

校注

〔一〕傅增湘校勘記云：『「押署跋尾。劉懷信等」接第八葉第五行。』按『尾。劉懷信等亦或割去前代名氏，以己等名氏代之』原置於『印法』章下『摹印屈曲』之後，此處『押署跋』後接『字者其來久矣。太初元年夏五月』至『理應别爲一體。摹印屈曲』，均係錯簡，今據吴抄本順序整理。

開元五年。（王思忠裝，亦有張龍樹裝，王行直裝，王知逸監，劉懷信賜名，陸元悌賜名，魏哲、褚無量、姚崇、馬懷素、蘇頲、宋璟。）

十年。（王思忠裝。馮紹、陳儀。）

十五年。（李仙丹裝背，尹奉祥。）

建中十年。（賀遂奇、劉逸江、茹蘭芳、宋遊環。）

以上略舉大例。

附録

跋

朱彝尊

《法書考》八卷，元盛熙明撰，虞、揭、歐陽三鉅公序之。熙明，龜兹人，家豫章，嘗遊四方。著補（普）陀珞珈山考。詩云：『滄州到處即爲家。』是已，以近臣薦備宿衛，爲夏官。斯編創于至順二年，近于元統二年，其文約，其旨該，不意九州之外，乃有此人。（《曝書亭全集》卷九，吉林文史出版社，二〇〇九年版）

四庫全書總目提要　卷一百十二　子部二十二

《法書考》，八卷，浙江巡撫採進本，元盛熙明撰。案陶九成《書史會要》曰：『盛熙明，其先曲鮮人，後居豫章，清修謹飭，篤學多材，工翰墨，亦能通六國書，則色目人也。』是書前有虞集、揭傒斯、歐陽元（玄）三序。集序稱其備宿衛，傒斯序則稱爲夏官屬，其始末則不可考矣。傒斯序又稱：『熙明作是書，稿未竟，已有言之文皇之前者，有旨趣上進，以修《皇朝經世大典》，事嚴，未及録上，四年四月五日今在上延春閣，遂因奎章學士實喇巴勒原作沙剌班，今改正，以書進，上方留神書法，覽之終卷，視問八法旨要，命藏之禁中，以備親覽。』《書史會要》亦稱至正甲申，嘗以《法書考》八卷進上，與序相合。則是書實當時奏御本也，其書首爲《書譜》分子目四，次爲《字源》，次爲《筆法》，次爲《圖訣》，次爲《形勢》各分子目二，次爲《風神》，次爲《工用》，各分子曰三，次爲《附録》、《印章》、《題署跋尾》，雖雜取諸家之説，而採擇特精，其《字源》一門，所列梵書十六聲、三十四母，蒙古書四十二母，亦與陶九成通六國書之説合，皆頗足以資考證也。（《四庫全書總目》）

書畫書録解題　卷八

余紹宋

《法书考》八卷。（曹楝亭刊本，十萬卷樓叢書本）元盛熙明撰。（熙明其先曲鮮人，後居豫章，清修謹飭，篤學多材，共翰墨，亦能通六國書，見陶九成《書史會要》）卷一爲《書譜》，分子目二：一《集評》，二《辨古》。《集評》俱摘抄前人書評，《辨古》一編，列舉古書古碑，一一加以辨正，評其真僞優劣，頗有特識。卷二爲《字源》，分子目二：一《梵音》，與法書無關，二《華文》，摘録許氏《説文序》及張懷瓘《書斷》，此一卷實可删。卷三爲《筆法》，分子目二：一《操執》，二《揮運》，亦皆摘抄成文，較他卷爲蕪雜，采僞籍亦較多。卷四爲《圖訣》，分子目二：一《圖訣》，二《偏旁》。卷五爲《形勢》，分子目二：一《布置》，二《肥瘠》。卷六爲《風神》，分子目三：一《性情》，二《遲速》，三《方圓》。卷七爲《工用》，分子目三：一《宗學》，二《臨摹》，三《丹墨》。以上四卷亦俱採録成説，不支不蔓，頗見剪裁。卷八爲《附録》，分子目二：一《印章》，二《押署跋尾》。通閲全編，足稱簡要。朱竹垞謂其文約旨該，尚非虚譽。前有虞集、歐陽玄、揭傒斯三序，末有朱彝尊跋。（朱彝尊跋曰：熙明，龜兹人，家豫章，嘗遊四明，著《補落迦山考》。詩言『滄州到處即爲家』。是已，以近臣薦備宿衛，爲夏官，斯編創于至順二年，近于元統二年，其文約，其旨該，不意九州之外，乃有此人。）

藏園群書題記　卷六　子部一

傅增湘

《法書考》八卷，元盛熙明著，舊寫本字迹精雅，十一行，二十字，有『西齋居士』朱文印，延陵邨吴暻，字元朗，白文印『小重山館藏』『朱文長印』，今歸上海涵芬樓所藏。曹楝亭任兩淮鹽政時於揚州詩局刊書十二種，寫刻精湛，爲世所重，其書多屬孤本秘笈向未刊行者。然披覽之餘，奪譌迭見，惜無别本可資參證，余發憤從事校讎，頻歲以來，十獲八九，獨《法書考》訪求舊本，苦不可得。今春南遊觀書涵芬樓，獲覩此册，重其爲梅村祭酒令子所藏，當有佳勝。因從張菊生前輩假得携歸，亟取詩局本一校，開卷首葉《書譜》小引『傳於後者』句下即脱「皆可歷數，至於謬當虚名，庸亦有之，其餘泯滅無聞者」凡二十一字。其評論上、中、下三品，吴本橫排爲表式三格，刊本改爲直行順下，諸人評論，吴本作小字注人名下，刊本改爲大字别行。次序偶有淩亂脱誤，尤難悉舉，卷一勘畢，已改訂三百餘字，欣喜過望，因欲奮筆終篇。及校至卷二以下，則荆棘横生，榛芜滿目，正訛補逸，腕脱不休，卒至閣筆輟校而後已，然後嘆刊是書者，其鹵莽滅裂殆非意想所及。讀者舍取吴本重抄，固别無救正之良策也。兹舉其錯簡、脱文、删節三端，粗述於左，其小小差違，不暇及焉。卷七《宗學》章姜堯章説『追蹤鍾、王』句下錯簡。又孫過庭説『但求平正』句下錯簡。又《臨摹》章姜堯章説『易於成就』句下錯簡。卷八《印章》類『軍曲侯丞章注引懶真録今印文榜額有之』句下錯簡。又《押署跋尾》類『當時鑒識藝人押署跋尾』句下錯簡。又《印法》類『别爲一體摹印屈曲』句下錯簡。卷二《十體書斷》小篆下八分、隸書、章草、行書、飛白、草書凡六類皆脱失，僅存草書後姜堯章説二十行。卷二删節者兩條，卷三删節者八條，卷四删節者二十二條。卷五删節者六條。卷六删節者五條。辛未六月朔日晨起坐水廊校畢記，江安傅增湘。

圖畫考

進圖畫考序

臣聞古者伏羲氏之王天下也，則河圖以畫八卦，羲皇、蒼頡觀鳥迹物象以成字而圖書出焉〔一〕，而二者同體未分也。其後，畫衣冠以懸魏闕〔二〕，使民不犯；畫山龍、華蟲、藻米於衣，使民知上下之衣冠；畫魑魅、怪物，鑄之鼎而識之，使民入山林不逢不若〔三〕。三歲一遣，使者巡行四方，以同其書之文而圖之始分〔四〕，各備其制矣！此皆聖帝明王治天下，大經大法而不可忽也。至若圖形以求賢，則殷之高宗也，圖功臣於雲臺、麒麟、凌烟之閣，則漢之光、宣，唐之太宗也〔五〕。籀、斯之篆，程、蔡之隸，以及鍾、王等書，皆精造極詣之妙，而時君功德所賴以傳之萬世而不磨者也。太宗英明文武〔六〕，於是事者，猶所注意。而其臣之能又皆足以附記自見，故唐世書畫之至今稱焉。雖曰一藝之微，其實至道之所寓。君臣之間又相假此以存勸戒，故君賜以周公賀成王之圖，而寄屬輔之意〔七〕；明臣進君以心正筆正之説，而端本清源之義〔八〕。著古今所傳爲用，斯大不可誣也。欽惟聖朝道邁千古，藝文盛作，高出漢唐，特設博士以鑒書畫而謬庸龐雜之説，無所容其間。萬機之暇，游神養性以贊緝熙之學〔九〕，而成無爲之化，蓋有取於斯也。臣不揣愚陋〔十〕，昔備藝文，生當著《法書考》，今復博采傳記，芟繁摭要，撰爲《圖畫考》一通，凡七卷。繕寫裝潢，謹上進聞，臣不勝惶懼激切屏營之至〔十一〕，臣盛熙明謹序。

校注

〔一〕『羲皇』舊抄本作『始皇』。

〔二〕魏闕：古代宫門外的闕門，爲懸示法令的地方，後亦作爲朝廷的代稱。《莊子・讓王》：『身在江海之上，心居乎魏闕之下。』

〔三〕『不若』舊抄本作『下若』。不若：不祥的事物，如傳説中的魑魅魍魎等害人之物。

〔四〕舊抄本『圖』後有『書』字。

〔五〕雲臺閣：漢宫中高臺名，漢光武帝時用作召集群臣議事之所。漢明帝時因追念前世功臣，圖畫鄧禹等二十八將於南宫雲臺，後用以泛指紀念功臣名將之所。麒麟閣：一説漢初蕭何所造之樓閣，又稱漢武帝獲麒麟時所建，後漢宣帝圖繪功臣霍光、蘇武等十一人之像於閣上。凌烟閣：唐太宗爲表彰功臣勛績所建的樓閣，内懸掛二十四名功臣的畫像，由閻立本繪，唐太宗親自作贊，褚遂良題閣。

〔六〕太宗：指元太宗窩闊臺，成吉思汗第三子，曾隨太祖伐金，定西域。一二二九年以太祖遺詔繼位，一二四一年十一月病死，追謚英文皇帝。

〔七〕漢武帝晚年病重後，賜霍光《周公輔成王會諸侯圖》，曉諭霍光輔政。

〔八〕《舊唐書》卷一六五《柳公綽傳》：『穆宗政僻，嘗問公權筆何盡善，對曰：「用筆在心，心正則筆正。」』

〔九〕緝熙：光明。

〔十〕『揣』舊抄本作『掇』。不揣：不自量。

〔十一〕屏營：惶恐。《國語・吴語》：『王親獨行，屏營仿偟於山林之中，三日乃見其涓人疇。』

目録

圖畫考卷之一　叙古

述原

《爾雅》云：『畫，形也。』《廣雅》云：『畫，類也。』《説文》云：『畫，畛也。象田畛畔〔一〕，所以畫也。』《釋名》云：『畫，挂也。』〔二〕

校注

〔一〕畛：田間的小路。畛畔：界限，範圍。

〔二〕『《釋名》』舊抄本作『《釋雅》』，『挂』舊抄本作『形』。按東漢劉熙《釋名》：『畫，掛也。以彩色掛物也。』故舊抄本有誤。

《名畫記》云〔一〕：『古先聖王受命膺籙〔二〕，則有龜字效靈，龍圖呈寶〔三〕。自庖犧氏發於滎河中，典籍、圖畫萌矣；軒轅氏得於温、洛中，史皇、蒼頡狀焉。奎有芒角〔四〕，下主辭章；頡有四目〔五〕，仰觀垂象，因儷鳥龜之迹，遂定書字之形〔六〕。是時，書畫同體而未分，象制肇創而猶略〔七〕，無以傳其意，故有書；無以見其形，故有畫。天地聖人之意也。按字之六體，內有鳥書〔八〕，在幡信上書端象、鳥首者〔九〕，畫之流也。』

校注

〔一〕《名畫記》爲《歷代名畫記》之簡稱，唐張彦遠著，共十卷，是現存中國第一部繪畫通史，此段略摘引自《歷代名畫記》卷一《敘畫之源流》。

〔二〕『膺』舊抄本作『應』，《歷代名畫記》作『應』，此處當作『膺』，膺籙指帝王承受符命。

〔三〕《歷代名畫記》此句後有『自巢燧以來，皆有此瑞，迹映乎瑤牒，事傳乎金冊』。

〔四〕奎：星名，二十八宿之一。

〔五〕頡：倉頡，爲黄帝史官，我國文字的創造者，相傳有四隻眼睛。

〔六〕《歷代名畫記》此句後有『造化不能藏其秘，故天雨粟；靈怪不能遁其形，故鬼夜哭。』

〔七〕象制：此處指象形文字，後也代指圖畫。

〔八〕《歷代名畫記》：『按字學之部，其體有六：一古文，二奇字，三篆書，四佐書，五繆篆，六鳥書。』

〔九〕幡信：古人題官號旗幟或符節上作爲符信，以傳達命令。

顏光禄云〔一〕：『圖載之意有三：一曰圖理，卦象是也；二曰圖識，字學是也；三曰圖形，繪畫是也。』又周官教國子以六書，其三曰象形，則畫之意也。

校注

〔一〕此段引自《歷代名畫記》卷一《叙畫之源流》。顔光禄指南朝劉宋文學家顔延之，官至金紫禄大夫，故稱顔光禄。

《見聞志》云〔一〕：『黄帝製有章數，皆畫本也。伏羲畫八卦當爲畫字，今之古文、禽魚皆有象形之體，即畫之法也。』

校注

〔一〕《見聞志》爲《圖畫見聞志》之簡稱，宋郭若虚撰，共六卷，是繼張彦遠《歷代名畫記》之後又一畫史著作。現存《圖畫見聞志》并無此段内容，按郭熙《林泉高致·序》：『黄帝製衣裳有章數或繪，皆畫本也。……畫之本甚大且遠，自古説伏羲畫八卦，讀爲今汝畫之畫。畫文訓爲止，不知畫八卦爲何等義。故畫當爲畫，但今畫出於後世，其實止用畫字尔。又今之古文、篆籒、禽魚，皆有象形之體，即象形畫之法也。』可知此段當節録于《林泉高致》而非《見聞志》，疑盛氏誤引。

興　廢

《名畫記》云〔一〕：『漢武創置秘閣，以聚圖書。漢明雅好丹青，别開畫室，又創鴻都學以集奇藝。及董卓之亂，山陽西遷〔二〕，圖畫縑帛軍人皆取爲帷囊〔三〕，所收而西七十餘乘，遇雨道艱，半皆遺棄。魏晉故多藏蓄，胡寇入洛，一時焚燒〔四〕。宋、齊、梁、陳之君，雅有好尚。晉遭劉曜，多所毁散。桓玄性貪好奇，天下法書名畫必使歸己。及玄篡逆，晋府真迹〔五〕，玄盡得之。玄敗，宋高祖先使臧喜入宫載焉。南齊高帝科其尤精者，不以遠近爲次，但以優劣爲差。自陸探微至范惟賢四十二人，爲四十二等，二十七帙，三百四十八卷，政餘披玩。梁武帝尤加寶異，仍更搜葺。元帝尤喜丹青〔六〕，珍奇充仞内府。侯景之亂，太子綱數夢秦皇更欲焚天下書，既而圖書數百函果爲景所焚也。及景平，所有畫皆載入江陵，爲西魏將于謹所陷。元帝將降，乃聚名畫法書及典籍二十四萬卷焚之〔七〕，于謹等於煨燼中收其書畫四千餘軸歸長安〔八〕。陳天嘉中，陳主肆意搜求，所得不少。隋平陳，命裴矩、高熲收得八百餘卷。隋帝於東京觀文殿後起二臺，東曰妙楷，藏自古法書，西曰寶迹，收自古名畫。煬帝東幸揚州，盡將持隨駕，中道船覆，太半淪棄。煬帝崩，宇文化及得之，及至聊城，爲竇建德所取。留東都者，爲王世充所取。唐武德五年，克平僭逆，擒二僞主，兩都秘藏〔九〕，命司農少卿宋遵貴載之，以船泝河，將致京，經砥柱，忽遭漂没，所存十無一二（唐初内庫只有三百卷）。太宗更於人間購求，歸之如雲。故内府圖書謂之大備，或進獻得官，或搜訪獲賞，又畜積之家，自號圖書之府〔十〕。天后朝，使工人鋭意模寫，内府圖書，一加裝背，真者多歸張易之。易之誅後，爲薛稷所得。薛没後，爲岐王範所得〔十一〕，後皆歸天府。禄山之亂，耗散頗多。肅宗不甚保持，頒之貴戚。貴戚不好，鬻於不肖之手，遂又多歸好事之家。德宗艱難，之後又經失散，甚可痛也〔十二〕。自古兵火亟焚，江波屢漂〔十三〕，時君不尚，失墜彌多。彥遠自高祖，博古多藝，窮精蓄奇〔十四〕，至憲宗時，張氏書畫盡獻内府。』

校注

〔一〕此段摘引自《歷代名畫記》卷一《叙畫之興廢》。

〔二〕山陽：指漢獻帝，曹丕代漢，漢獻帝被封爲山陽公。

〔三〕帷：圍在四周的帳幕。囊：口袋。因漢代多以絹帛爲畫，漢末動亂，士兵皆以畫爲帳幕、口袋。

〔四〕『燒』舊抄本作『化』。

〔五〕『真』舊抄本作『珍』。

〔六〕《歷代名畫記》作『元帝雅有才藝，自善丹青』。

〔七〕元帝以降，諸本皆作焚燒書籍『二十四萬卷』。然據《隋書》卷三二《經籍志》載：『元帝克平侯景，收文德之書及公私經籍，歸于江陵，大凡七萬餘卷。周師入郢，咸自焚之。』

〔八〕《歷代名畫記》此句後有『故顔之推《觀我生賦》云：「人民百萬而囚虜，書史千兩而煙颺。史籍已來，未之有也，溥天之下斯文盡」』。

〔九〕『兩』舊抄本作『西』，《歷代名畫記》此句後有『之迹，維揚扈從之珍，歸我國家焉』。

〔十〕《歷代名畫記》無『故内府圖書謂之大備，或進獻得官，或搜訪獲賞，又畜積之家，自號圖書之府』。

〔十一〕《歷代名畫記》此句後有『王初不陳奏，後懼，乃焚之。時薛少保與岐王範、石泉公王方慶家所蓄圖畫，皆歸於天府』。岐王範：本名李隆範，唐睿宗第四子。初封鄭王，改封衛王，唐睿宗讓位武則天後，於長壽二年，改封爲巴陵郡王，後唐睿宗復位，進封岐王。

〔十二〕『甚』舊抄本作『正』。

〔十三〕『漂』《歷代名畫記》作『鬭』。

〔十四〕『博古多藝，窮精蓄奇』舊抄本作『博古多畜精奇』。

規鑒

陸士衡云〔一〕：『丹青之興，比《雅》、《頌》之述作，美大業之馨香〔二〕；宣物莫大於言，存形莫善於畫。』

校注

〔一〕此段摘引自《歷代名畫記》卷一《叙畫之源流》，陸士衡指西晋文學家陸機，此句今《陸機集》不見載。

〔二〕大業：經國大業。曹丕《典論》：『蓋文章，經國之大業，不朽之盛事。』陸氏意謂繪畫可以與經國之大業相媲美。

曹植云〔一〕：『觀畫者，見三皇五帝，莫不仰戴；見三季異主〔二〕，莫不悲惋；見篡臣賊子〔三〕，莫不切齒；見高節妙士，莫不忘食；見忠臣死難，莫不抗節〔四〕；見放臣逐子〔五〕，莫不嘆息；見淫夫妬婦，莫不側目；見令妃順后，莫不嘉貴。』

校　注

〔一〕此段當摘引自《歷代名畫記》卷一《叙畫之源流》，《歷代名畫記》又引自曹植《畫讚序》。

〔二〕『異主』《畫讚序》作『暴君』。『三季』指夏、商、周三代的末世，《漢書》卷一百《叙傳下》：『三季之後，厥事放紛。』

〔三〕『賊子』《歷代名畫記》、《畫讚序》作『賊嗣』。

〔四〕『見忠臣死難，莫不抗節』《畫讚序》作『見忠臣死節，莫不抗首』。抗節：堅守節操而不屈服。桓温《薦譙元彦表》：『抗節玉立，誓不降辱。』抗首：舉頭，昂首。

〔五〕舊抄本作『見逐臣逐子』，又『逐子』《畫讚序》作『斥子』。

米元章云〔一〕：『古人畫圖〔二〕，無非勸戒，今人撰《明皇幸興慶圖》，無非奢麗。《吴王避暑圖》重樓平閣，徒動人侈心〔三〕。』

校　注

〔一〕此段引自米芾《畫史》。

〔二〕『畫圖』《畫史》作『圖畫』。

〔三〕《畫史》無『徒』字。

《畫譜》云〔一〕：『李公麟作畫贈人，往往著勸戒於其間。與君平賣卜〔二〕，諭人以禍福，使之爲善同意〔三〕。』

校　注

〔一〕此段摘引自《宣和畫譜》卷七《人物三·李公麟》，其云：『後作畫贈人，往往薄著勸戒於其間。與君平賣卜，諭人以禍福，使之爲善同意。』

〔二〕君平：嚴君平，西漢隱士嚴君平，蜀人，常在成都市上賣蔔算卦。每天只占卜幾卦，得百文錢，只要够一天的花銷就收攤，關門下簾，專心研究《老子》。

〔三〕『爲善同意』舊抄本作『爲意善同』。

圖名〔一〕

張彦遠云〔二〕：『古之秘畫珍圖，名隨意立〔三〕，固多散逸人間，不得見之。今粗舉其要，凡九十有七也。《龍魚河圖》、《六甲隱形圖》、《五帝鈎命訣圖》〔三〕、《孝經雌雄圖》、《遁甲開山圖》、《甘泉宫圖》、《漢麟閣圖》、《鴻都門圖》、《西王母益地圖》、《南都賦圖》、《雲漢圖》、《黄帝明堂圖》、《五嶽真形圖》、《韓詩圖》、《論語圖》、《蚩尤王子兵法營陣圖》、《魯般攻戰器械圖》〔四〕、《伍員水戰圖》〔五〕、《吴孫子兵法雲氣圖》、《五星八卦二十八宿圖》、《十二星宫圖》、《日月交會九道圖》、《分野璿璣圖》、《望氣圖》、《河圖》、《詩緯圖》、《春秋圖》、《孝經讖圖》、《浸譚泥圖》、《八卦八風十二時二十八宿音律圖》、《周公成壞吉凶圖》、《妖怪圖》、《相宅園地圖》、《黄帝樊薛許氏相圖》、《陰陽宅相圖》、《馬像圖》、《三王相鷹圖》、《療馬百病圖》、《老子黄庭圖》、《大蒐神芝圖》、《黄帝昇龍圖》、《山海經圖》、《太史公漢書圖》、《大荒經圖》、《河圖括地象圖》、《天地郊社圖》、《諸鹵簿圖》、《搜神記圖》、《百國人圖》、《地形圖》、《地形

校注

〔一〕『圖名』舊抄本作『名意』。

方丈圖》、《明帝太學圖》、《列仙傳圖》、《古聖賢帝王圖》、《古瑞應圖》、《魏帝所撰雜畫圖》、《魏順應圖》、《大駕鹵簿圖》、《孫子八陣圖》〔六〕、《太一三宫用兵成圖》、《渾天宣夜圖》、《日月交會圖》、《章賢十二時雲雨氣圖》、《十二屬神圖》、《神農本草例圖》、《周禮圖》、《周室王城宗廟圖》〔七〕、《江圖》、《吴孫子牝牡八變陣圖》〔八〕、《黄石公五星圖》、《玄圖》、《占雲氣圖》〔九〕、《二十八宿分野圖》、《風角五音圖》、《三禮圖》、《爾雅圖》、《忠孝圖》、《漢明畫室圖》〔十〕、《益州學堂圖》、《魯廟孔子弟子圖》、《傳國璽圖》、《洛陽宫圖》、《區宇圖》、《職貢圖》、《中天竺國圖》、《祥瑞圖》、《符瑞圖》、《白澤圖》、《古今藝術圖》、《靈秀本草圖》、《易狀圖》、《靈命本圖》、《辯靈命圖》〔十一〕。』

校注

〔一〕此段摘引自張彦遠《歷代名畫記》卷三《述古之秘畫珍圖》，《歷代名畫記》所列圖後均注明卷數、作者及相關簡介，盛氏未載。舊抄本均略『圖』字。

〔二〕《歷代名畫記》無『名隨意立』四字。

〔三〕《歷代名畫記》後有『《孝經秘圖》、《孝經左契圖》』，盛熙明未引。

〔四〕《歷代名畫記》後有『《皇帝攻法圖》』，盛氏未引。

〔五〕『伍員』《歷代名畫記》作『伍胥』，伍員，字子胥，春秋楚人，與父兄俱仕楚，後楚王聽信讒言殺其父兄，伍員逃亡吴國佐吴伐楚報仇，并輔吴稱霸。

〔六〕自『《搜神記圖》』至『《孫子八陣圖》』，《歷代名畫記》所載順序略有不同，其云：『《古聖賢帝王圖》、《古瑞應圖》、《魏帝所撰雜畫圖》、《魏順應圖》、《大駕鹵簿圖》、《明帝太學圖》、《列仙傳圖》、《搜神記圖》、《百國人圖》、《地形圖》、《地形方丈圖》、《孫子八陣圖》。』

〔七〕《歷代名畫記》作『《周室王城明堂宗廟圖》』。

〔八〕『《吴孫子牝牡八變陣圖》』舊抄本作『《吴孫子牝牲八卦負陣》』。

〔九〕《歷代名畫記》作『《占日雲氣圖》』。按《隋書》卷三四《經籍志》載：『《天文占雲氣圖》一卷。』此當作『《占雲氣圖》』，現存《歷代名畫記》似衍『日』字。

〔十〕『室』《歷代名畫記》作『宫』。

〔十一〕『《辯靈命圖》』舊抄本作『《靈命書》』。

《見聞志》云：『古之秘畫珍圖，名隨意立，典範則有《春秋》、《毛詩》、《論語》、《孝經》、《爾雅》等圖，其次則有《講學圖》、《孔子問禮圖》、《明堂朝會圖》、《封禪圖》、《雪宫圖》，觀德則有《帝舜娥皇女英圖》、《夏禹治水圖》、《列女仁智圖》、《勳賢圖》，忠鯁則有《辛毗引裾圖》、《陳元達鎖諫圖》、《朱雲折檻圖》，高節則有《祖二疏圖》、《木雁圖》、《屈原漁父圖》、《巢由洗耳圖》，壯氣則有《卞莊刺虎圖》、《師子擊象圖》、《漢武射蛟圖》，寫景則有《輕舟迅邁圖》、《穆天子宴瑶池圖》、《金谷園圖》、《雪霽望五老峰圖》，靡麗則有《南朝貴戚圖》、《丁貴人彈曲項琵琶圖》、《楊妃架雪衣女亂雙陸局圖》，風俗則有《剡中溪谷村墟圖》、《永嘉屋邑圖》、《長安車馬人物圖》、《堯民鼓腹圖》。以上畫圖雖不能盡見其實迹，前人載之甚詳，但愛其佳名，聊取一二録之。』〔一〕

校注

〔一〕郭若虚《圖畫見聞志》卷一《叙圖畫名意》：『古之秘畫珍圖，名隨意立。典範則有《春秋》、《毛詩》、《論語》、《孝經》、《爾雅》等圖。（上古之畫，多遺其姓）其次，後漢蔡邕有《講學圖》，梁張僧繇有《孔子問禮圖》，隋鄭法士有《明堂朝會圖》，唐閻立德有《封禪圖》，尹繼昭有《雪宫圖》。觀德則有《帝舜娥皇女英圖》（亡名氏），隋展子虔有《禹治水圖》，晋戴逵有《列女仁智圖》，宋陸探微有《勳賢圖》。忠鯁則隋楊契丹有《辛毗引裾圖》，唐閻立本有《陳元達鎖諫圖》，吴道子有《朱雲折檻圖》。高節則晋顧凱之有《祖二疎圖》，王廙有《木鴈圖》，宋史藝有《屈原漁父圖》，南齊蘧伯珍有《巢由洗耳圖》。壯氣則魏曹髦有《卞莊刺虎圖》，宋宗炳有《師子擊象圖》，梁張僧繇有《漢武射蛟圖》。寫景則晋明帝有《輕舟迅邁圖》，衛協有《穆天子宴瑶池圖》，史道碩有《金谷園圖》，顧凱之有《雪霽望五老峰圖》。靡麗則晋戴逵有《南朝貴戚圖》，宋袁倩有《丁貴人彈曲項琵琶圖》，唐周昉有《楊妃架雪衣女亂雙陸局圖》。風俗則南齊毛惠遠有《剡中溪谷村墟圖》，陶景真有《永嘉屋邑圖》。隋楊契丹有《長安車馬人物圖》，唐韓滉有《堯民鼓腹圖》。以上圖畫，雖不能盡見其迹，前人載之甚詳。但愛其佳名，聊取一二類而録之。』按盛氏摘引時，略去圖畫作者姓名，今録郭若虚《圖畫見聞志》原文，與之相比勘，頗多異文，供讀者參考。

師傳

《名畫記》云〔一〕：『若不知師資傳授，則未可議乎畫。晉明帝師於王廙。衛協師於曹不興。顧愷之、張墨、荀勗師於衛協。史道碩、王微師於荀勗、衛協。戴逵師於范宣。逵子敦、教弟顒，師於父。宋陸探微師於顧愷之，探微子綏、弘肅，并師於父。顧寶光、袁倩師於陸，倩子質師於父。顧駿之師於張墨，張則師於吴暕〔二〕，吴暕師於江僧寶。劉胤祖師於晉明帝，胤祖弟紹祖、子璞，并師於胤祖。南齊姚曇度，子釋惠覺師於父。蘧道敏師於章繼伯。道敏甥僧珍師於道敏。沈標師於謝赫。周曇研師於曹仲達。毛惠遠師於顧惠遠。梁袁昂師於謝、張、鄭〔三〕。張僧繇子善果、儒童，并師於父。解倩師於聶松、蘧道敏。焦寶願師於張、謝。江僧寶師於袁、陸及戴，田僧亮師於董、展，曹仲達師於袁。隋鄭法士師於張，法士弟法輪、子德文，并師於法士。孫尚子師於顧、陸、張、鄭。陳善見師於楊、鄭。李雅師於張僧繇。王仲舒師於孫尚子。』

校　注

〔一〕此段摘引自張彦遠《歷代名畫記》卷二《叙師資傳授南北時代》。

〔二〕『吴暕』舊抄本作『顧愷之』，下句『吴暕』舊抄本作『吴陳』。

〔三〕按上下文，『謝』指謝赫，『張』當指張墨或者張則，『鄭』不知何許人也。又一説『袁昂』即北周『袁子昂』，彭蘊璨《歷代畫史彙傳》卷十六：『周袁子昂善畫寺壁，稟訓鄭公，殆無失墜，婦人工絶，超彼常倫。』按《後畫録》：『一本作梁中書袁昂，疑是重出，姑并録當考。』

又云：『各有師資，遞相仿效。或自開户牖，或未及，或過之〔一〕，似類之間，精粗有別。田僧亮、楊子華、楊契丹、鄭法士、董伯仁、展子虔、孫尚子〔二〕、閻立德、閻立本并祖述顧、陸、僧繇。所言勝者，以觸類皆能，而就中有所偏勝。』

校　注

〔一〕『或未及，或過之』《歷代名畫記》作『或未及門墻，或青出於藍，或冰寒於水』。

〔二〕『孫尚子』原作『孫子虔』，舊抄本作『孫子處』。按《歷代名畫記》卷二作『孫尚子』，據上文『王仲舒師於孫尚子』，可知此當作『孫尚子』，今改。

圖畫考卷之二　工　用

筆　法

《名畫記》云〔一〕：『顧愷之之迹，緊劲聯綿，循環超忽，調格逸易，風趨電疾，意存筆先〔二〕，畫盡意在，所以全神氣也。晋張芝草書一筆而成，氣脉通連，隔行不斷〔三〕。惟王子敬深明其旨，故謂之一筆書〔四〕。其後，陸探微亦作一筆畫，連綿不斷，精利潤媚，新奇妙絶，名高宋代，時無等倫〔五〕。張僧繇點曳斫拂依。衛夫人《筆陣圖》，一點一畫，别是一巧，鈎戟利劍，森森然〔六〕。吴道玄古今獨步，前不見顧、陸，後不見來者，授筆法於張旭，故知書畫用筆同矣。張號「書顛」，吴爲「畫聖」，神假天造，英靈不窮，衆皆密於盼際，我則離披其點畫；衆皆謹於象似，我則脱落其凡俗。彎弧挺刃，植柱構梁，不假界筆直尺，虬鬚雲鬢，數尺飛動，毛根出肉，力健有餘，當有口訣，人莫得知。數仞之畫，或自臂起，或從足先。巨壯詭怪，膚脉連結，過於僧繇矣。吴、曹筆法，見《佛道》内。顧、陸之神不可見其盼際，所謂筆迹周密也。張、吴妙筆纔一二，像已焉〔七〕，離披點畫，時見缺落。此雖筆不周而意周也。若知畫有疏密二體，方可議畫。』

校注

〔一〕此段略摘引自《歷代名畫記》卷二《論顧陸張吴用筆》。

〔二〕『存』舊抄本作『在』。

〔三〕《歷代名畫記》作『昔張芝學崔瑗、杜度草書之法，因而變之，以成今草書之體勢，一筆而成，氣脉通連，隔行不斷』。

〔四〕《歷代名畫記》作『唯王子敬明其深旨，故行首之字往往繼其前行，世上謂之一筆書』。

〔五〕《歷代名畫記》作『其後陸探微亦精利微潤，亦作一筆畫，連綿不斷，故知書畫用筆同法。陸探微精利潤媚，新奇妙絶，名高宋代，時無等倫』。

〔六〕《歷代名畫記》此句後有『然又知書畫用筆同矣』。

〔七〕《歷代名畫記》『已』後有『應』字，據前後語義當是。

《見聞志》云〔一〕：『凡畫，氣韻本乎遊心，神采生於用筆。用筆之難，斷可識矣。陸探微能一筆畫者〔二〕，乃是自始及終，筆有朝揖，連綿相屬，氣脉不斷。所以意存筆先，筆周意内，畫盡意在，像應神全，夫内自足，然後神閒意定，神閒意定，則思不竭而筆不困也。昔宋元君將畫圖〔三〕，衆史皆至，受揖而立，舐筆和墨〔四〕，在外者半〔五〕。有一史後至者，儃儃然不趨，受揖不立，因之舍。公使人視之，則解衣盤礴臝〔六〕。君曰：「可矣，是真畫者也。」又畫有三病，皆繫於用筆，一曰版，二曰刻，三曰結。版者，腕弱筆癡，全虧取與，物狀平褊，不能圜渾也。刻者，運筆中疑，心手相戾，勾畫之際，妄生圭角也。結者，欲行不行，當散不散，似物凝碍，不能流暢也。大抵氣韻高，筆畫壯，則愈玩愈妍。其或格凡毫懦，初觀縱可采，久之還復，意怠矣。』

校注

〔一〕此段摘引自《圖畫見聞志》卷一《論用筆得失》。

〔二〕陸探微：南朝劉宋時著名畫家，生卒年不詳，宋孝武帝時在世，他的畫題材廣泛，從聖賢圖繪、佛像人物至飛禽走獸，無一不精，謝赫《古畫品録》列爲第一品。

〔三〕『昔宋元君將畫圖』舊抄本作『晋宋之君將畫圖』。《莊子·外篇》：『宋元君將畫圖，衆史皆至，受揖而立，舐筆和墨，在外者半。有一史後至者，儃儃然不趨，受揖不立，因之舍。公使人視之，則解衣盤礴臝。』據改。

〔四〕『舐』原作『紙』，據《莊子》改。

〔五〕『外』前原無『在』字，據《莊子》改。

〔六〕盤礴：舒展兩腿而坐。『臝』，同『羸』、『裸』，赤裸。

米元章云〔一〕：『王防字元規，家二《天王》皆吴之入神畫〔二〕，行筆磊落〔三〕，揮霍如蓴菜條，圓潤折算，方圓凹凸，裝色如新〔四〕。』又云：『江南周文矩〔五〕，士女面一如昉〔六〕，衣紋作戰筆，此蓋布文也〔七〕。周昉筆秀潤匀細。』

校　注

〔一〕此段摘引自米芾《畫史》。

〔二〕『天王』，佛教中稱護法爲天王，後世畫家多以此爲題材作畫。

〔三〕自『王防』至『行』舊抄本作『吴』。

〔四〕『新』舊抄本作『色』。

〔五〕周文矩：五代時南唐人，善丹青，爲翰林待詔，工畫道、釋、鬼神、車服、樓觀，尤精仕女。李煜曾令其作《南莊圖》，嘆其精備。

〔六〕『面』當爲『圖』之訛誤，舊抄本脱此句。

〔七〕此句舊抄本作『乃丈』，不通。

郭熙云〔一〕：『筆迹不渾成，謂之疏，疏則無真意；墨色不滋潤〔二〕，謂之枯，枯則無生意。』

校　注

〔一〕此段引自郭熙《林泉高致·山水訓》。

〔二〕舊抄本脱『墨色』二字。

氣韻

謝赫云：『畫有六法，一曰氣韻生動云云，詳見前。』〔一〕

校注

〔一〕《歷代名畫記》引謝赫《古畫品録》云：『昔謝赫云：「畫有六法：一曰氣韻生動，二曰骨法用筆，三曰應物象形，四曰隨類賦彩，五曰經營位置，六曰傳模移寫。」』

張彥遠云〔一〕：『古之畫，或遺其形似〔二〕，而尚其骨氣。以形似之外求其畫，此難可與俗人道也。今之畫，縱得其形似，而氣韻不生，以氣韻求其畫，則形似在其間矣。上古之畫，迹簡意淡而雅正，顧、陸之流是也〔三〕；近代之畫，焕爛而求備；今人之畫，錯亂而無旨，衆工之迹是也〔四〕。夫象物必在於形似，形似須全其骨氣，骨氣形似，皆本於立意而歸乎用筆。故工畫者多善書，然則古之嬪嬖纖而胸束，古之馬喙尖而腹細，古之臺閣竦峙，古之服飾容曳。故古畫非獨變態，有奇意也，抑亦物象殊也。至於臺閣樹石、車輿器物，無生動之可擬，無氣韻之可侔，直要位置，向背而已。顧愷之曰：「畫人最難，次山水，次狗馬。其臺閣一定器耳，差易爲也。」斯言得之，至於鬼神人物，有生動之可狀，須神韻而後全。若氣韻不周，空陳形似，筆力未遒，空善賦彩，謂非妙也。故韓子曰：「狗馬難，鬼神易。狗馬乃凡俗所見，鬼神乃詭怪之狀。」斯言得之，至於營位置〔五〕，則畫之總要。自顧、陸以降，畫迹鮮存，難悉詳之。唯觀吴道玄之迹，可謂六法俱全，萬象畢盡，神人假手，窮極造化。所以氣韻雄壯，幾不於縑素；筆迹磊落，遂恣意於牆壁。其細畫又甚稠密，此神異也。』〔六〕

校注

〔一〕此段略摘引自《歷代名畫記》卷一《論畫六法》。

〔二〕『遺』《歷代名畫記》作『移』。

〔三〕顧、陸：東晋畫家顧愷之與南朝宋畫家陸探微的合稱，《歷代名畫記》此句後有『中古之畫，細密精緻而臻麗，展、鄭之流是也』。

〔四〕『工』舊抄本作『士』。

〔五〕《歷代名畫記》作『至於經營位置』，據前後語義，『營』前當脱『經』字。

〔六〕此段舊抄本多有出入，語義近而行文多滯碍，不録。

設色

《名畫記》云〔一〕：『夫陰陽陶烝〔二〕，萬象錯布。玄化無言，神工獨運。草木敷榮，不待丹碌之采；雲雪飄颺，不待鉛粉而白。山不待空青而翠，鳳不待五色而綷〔三〕。是故運墨而五色具，謂之得意。意在五色，則物象乖矣。夫畫物特忌形貌采章歷歷俱足，甚謹甚細，而外露巧密〔四〕。所以不患不巧而患於巧，既知其巧，亦何必巧，此非不巧也。若不識其巧，是真不巧也。夫工欲善其事，必先利其器。齊紈吴練，冰素霧綃，精潤密緻，機杼之妙也。武陵水井之丹、磨嵯之沙、越嶲之空、青蔚之曾青、武昌之扁青（上品石緑）、蜀郡之鉛華（黄丹）、南海之蟻鉚（赤膠也，造粉胭脂）、吴中之鰾膠、東阿之牛膠（采章之用也）、漆姑汁練煎，并爲重采，鬱而用之（古畫并用漆姑汁，若煉煎，謂之鬱色，於緑色上重用之）。』〔五〕

校注

〔一〕此段摘引自《歷代名畫記》卷二《論畫體工用拓寫》。

〔二〕舊抄本作『陰陶陽烝』，《歷代名畫記》『烝』作『蒸』。陶蒸：陶冶。《文選·張華〈鷦鷯賦〉》：『陰陽陶蒸，萬品一區。』李善注：『《文子》、《老子》曰：陰陽陶冶萬物。蒸，氣出貌。』

〔三〕綷：五色相雜。

〔四〕此句後之『巧』字《歷代名畫記》均作『了』字。舊抄本脱『此非不巧也。若不識其巧』凡十字。

〔四〕此段舊抄本多有出入，語義近而行文多滯礙，不録。

模拓

顧愷之有模拓妙法，宣紙用法蠟之，以備摹拓〔一〕。好畫古者模法十得七八，不失神采筆蹤，亦有御府拓本，謂之官拓。唐内庫翰林集賢秘閣拓寫不輟，承平之際，此道甚行。有非常好本拓得之者，所宜寶之。既可希其真蹤〔二〕，又得留爲証驗〔三〕。傳拓模寫，乃畫家末事，然今人粗善寫，見得其形似，則無氣韻，有其采色，則失其筆法，豈曰畫也？〔四〕

校注

〔一〕『蠍』同『蠟』，《歷代名畫記》卷二《論畫體工用拓寫》：『好事家宜置宣紙百幅，用法蠟之，以備摹寫。』其後注云：『顧愷之有摹拓妙法。』

〔二〕『可』舊抄本作『不』。

〔三〕《歷代名畫記》卷二《論畫體工用拓寫》：『好搨畫十得七八，不失神采筆蹤，亦有御府搨本，謂之官搨。國朝内庫翰林集賢秘閣搨寫不輟，承平之時，此道甚行。艱難之後，斯事漸廢。故有非常好本搨得之者，所宜寶之，既可希其真蹤，又得留爲證驗。』

〔四〕《歷代名畫記》卷一《論畫六法》：『至於傳模移寫，乃畫家末事，然今之畫人，粗善寫貌，得其形似，則無其氣韻，具其彩色，則失其筆法，豈曰畫也？』

米芾云：『牛馬人物一摹便似，山水模皆不成山水，心匠自得處高也。』又云：『仰像見畫即模，無不亂真〔一〕。』

校注

〔一〕據米芾《畫史》：『印湘見畫即摹，無不亂真。』按歷代畫史中無『仰像』，『仰像』應是『印湘』之訛誤。

圖畫考卷之三　紀藝

佛道

北齊曹仲達者〔一〕，本曹國人。最推工畫梵像，是爲曹、吴（謂唐吴道子也）。吴之筆，其勢圜轉而衣服飄舉；曹之筆，其體稠疊而衣服緊窄。故後輩曰：『吴帶當風，曹衣出水。』又按蜀僧仁顯《廣畫新集》言曹曰：『昔竺乾康僧會者，初入吴，設像行道。時曹不興見西國佛畫，儀範寫之，故天下盛傳曹也。』又云：『吴者，起於宋之吴暕之作，故號吴也。』且謝赫云：『不興之迹，代不復見。惟秘閣一龍頭而已，觀其風骨，擅名不虚〔二〕。』吴暕之説，聲微迹曖，世不復傳，至如仲達見北齊之朝，距唐不遠；道子顯開元之後，繪像仍存〔三〕，証近代之師承，合當時之體範。况唐室以上，未立曹、吴，豈顯釋寡要之談，亂愛賓不刊之論〔四〕。推時驗迹，無愧斯言也。（雕塑鑄像，亦本曹、吴。）〔五〕

校注

〔一〕《歷代名畫記》卷八：『曹仲達，本曹國人也，北齊最稱工，能畫梵像，官至朝散大夫，僧悰云：「曹師於袁，冰寒於水，外國佛像，亡競於時。」』

〔二〕謝赫《古畫品録》：『曹不興，不興之迹，殆莫復傳，唯秘閣之内一龍而已，觀其風骨，名豈虚成。』盛熙明所引略有差異。

〔三〕『仍』舊抄本作『形』。

〔四〕愛賓：張彦遠，字愛賓。不刊之論：指不可更改、正確無疑的道理。

〔五〕此段摘引自《圖畫見聞志》卷一《論曹吴體法》。舊抄本多有出入，語義近而行文多滯碍，不録。

人物

《見聞志》云〔一〕：『畫人物者，必分貴賤氣貌，朝代衣冠。釋門則有善巧方便之顔，道像必具脩真度世之範，帝皇當崇上聖天日之表〔二〕，外夷應得慕華欽順之情，儒賢即見忠信禮義之風，武士固多勇悍英烈之貌，隱逸俄識肥遁高世之節〔三〕，貴戚盖尚紛華侈靡之容，帝釋須明威福嚴重之儀，鬼神乃作醜䰩馳趡之狀〔四〕，士女宜賦秀色婑媠之態〔五〕，田家自有醇甿朴野之真〔六〕。恭驁愉慘，又在其間矣。畫衣紋林石，用筆全類於書。畫衣紋有重大而條暢者，有縝細而勁健者，勾綽縱掣，理無妄下，以狀高側、深斜、卷折、飄舉之勢。』〔七〕

校注

〔一〕此段摘引自《圖畫見聞志》卷一《論製作楷模》。

〔二〕『皇』《圖畫見聞志》作『王』。

〔三〕肥遁：亦作『肥遯』，隱居避世而自得其樂。石崇《思歸嘆》：『肥遁于河陽別業，其制宅也。』

〔四〕『醜魏』指相貌醜陋，『馳趡』指快速奔跑。

〔五〕『賦』《圖畫見聞志》作『富』，據前後語義當是。『婑媠』指美好的樣子。

〔六〕醇甿：渾樸純真。

〔七〕此段舊抄本多有出入，語義近而行文多滯碍，不録。

《宣和譜》云：『周昉婦女多爲豐厚態度，意穠態遠〔一〕。』又云〔二〕：『李伯時工人物〔三〕，能分別狀貌，使人望而知其廊館、臺閣、山林、草野、閭閻、臧獲、臺輿、皂隸，至於動作態度，屈伸俯仰〔四〕，小大美惡，與夫東西南北人，才分點畫，尊卑貴賤，咸有區別，非若世俗畫工〔五〕，渾爲一律。貴賤妍醜，止以肥紅瘦黑分之，大抵以立意爲先，緣飾次之也。』

校注

〔一〕《宣和畫譜》卷六《人物二·周昉》：『世謂昉畫婦女，多爲豐厚態度者，亦是一蔽，此無他，昉貴遊子弟，多見貴而美者，故以豐厚爲體，而又關中婦人纖弱者爲少，至其意穠態遠，宜覽者得之也，此與韓幹不畫瘦馬同意。』

〔二〕此後引自《宣和畫譜》卷七《人物三・李公麟》。

〔三〕李公麟，字伯時，舒城人也，北宋著名畫家。

〔四〕『屈』《宣和畫譜》作『[illegible]』。

〔五〕『非若』舊抄本作『今』。

傳　真（即子儀寫婿真事）

能寫正面容者，惟牟谷。〔一〕

校　注

〔一〕《圖畫見聞志》卷三《紀藝中・獨工傳寫者七人》載：『牟谷，不知何許人。工相術，善傳寫，太宗朝爲圖畫院祇候。端拱初，詔令隨使者往交趾國，寫安南王黎柏及諸陪臣真像，留止數年，既還，屬宮車晏駕，未蒙恩旨，間居閶闔門外。久之，真宗幸建隆觀，谷乃以所寫太宗正面御容張於户内。上見之，勑中使收赴行在，詰其所由，谷具以實對，上命釋之。時太宗御容已令元靄寫畢，乃更令谷寫正面御容，尋授翰林待詔。能寫正面，惟谷一人。』

衣冠。自古衣冠之制，荐有變更。指事繪形，必分時代。衮冕法服〔一〕，三禮備存〔二〕，物狀實繁，難可得而載也。漢魏以前，始戴幅巾〔三〕。晋宋之世，方用冪羅〔四〕。後周以三尺皂絹向後幞髮，名折上巾，通謂之幞頭。武帝裁成四脚，隋朝惟貴臣服進德〔五〕，至則天朝以絲葛爲幞頭巾子，以賜百官。開元間始易以羅，又別賜供奉官及内官員郎宮様巾子。至唐末，方用漆紗裹之，乃今幞頭也。三代之際，皆衣襴衫，秦始皇時，以紫緋緑袍爲三等品服，庶人以白。《國語》云：『袍者，朝也。古公卿上服也。』至周武帝時，下加襴。唐高宗朝，給五品以上隨身魚，又敕品官紫服金玉帶〔六〕，深淺緋服并金帶，深淺緑服并銀帶，庶人服黄銅鐵帶，一品以下文官帶手巾、筭袋、刀子、礪石，武官亦然。睿宗朝制，武官五品以上帶七事跕蹀（佩刀、刀子、磨石、契苾、真噦、厥針筒、大石袋也）。開元初，復罷之。晋處士馮翼衣布大袖，周緣以皂，下加襴，前繫二長帶。隋唐朝野服之，謂之馮翼之衣，今呼爲直裰。（《禮記》：『孔子衣逢掖之衣。』）又《梁志》有袴褶以從戎事。三代以前，人皆跣足。三代以後，始服木屐。伊尹以草爲之，名曰履，秦時用絲革。靴本胡服，趙靈王好之，制有司衣袍者，宜穿皂靴。唐代宗令宮人侍左右者，穿紅錦勒靴。凡在經營，所宜詳辨。〔七〕

校　注

〔一〕衮冕：古代帝王與王公的禮服和禮冠。

〔二〕三禮：《周禮》、《儀禮》、《禮記》。

〔三〕幅巾：古代男子以全幅細絹裹頭的頭巾，後裁出脚即稱幞頭。

〔四〕羃，古代遮蔽臉部的巾。䍦，白帽也。《舊唐書》卷四五《輿服志》載：『武德、貞觀之時，宫人騎馬者，依齊、隋舊制，多著羃䍦。』

〔五〕語義不通，據《圖畫見聞志》載：『武帝裁成四脚，隋朝惟貴臣服黄綾紋袍、烏紗帽、九環帶、六合靴（起於後魏），次用桐木黑漆爲巾子，裹於幞頭之内，前繫二脚，後垂二脚，貴賤服之，而烏紗帽漸廢，唐太宗嘗服翼善冠，貴臣服進德冠。』可知『德』後當脱『冠』字。又據《圖畫見聞志》，唐朝貴臣服進德冠，而非隋朝。

〔六〕『又敕品官紫服金玉帶』舊抄本作『又敕五品以上金玉帶』。

〔七〕此段摘引自《圖畫見聞志》卷一《論衣冠異制》。舊抄本多有出入，語義近而行文多滯礙，不録。

米芾云〔一〕：『蜀范瓊畫梁武帝，白冠衣褐，晋尚白，宋、齊、梁、陳習見不同，各以所尚色，皆白帽，顧愷之畫維摩猶白首。周木德，冕皆尚青。仲尼曰：「吾殷人也，生于宋，故服章甫之冠，此殷制。」殷水德，故尚玄〔二〕，玄端章甫皆黑色也。封二王後，各行其正朔，服其文物也。漢火德，用赤幘。舜土德，尚黄，故服黄冠，宜觸類而長之〔三〕，乃不凡。唐人軟裹〔四〕，蓋禮樂闕則士習賤服，以不違俗爲美。余初惑之，耆舊言唐初士子皆頂鹿皮冠〔五〕，弁遺制也。更無頭巾，掠子必帶篦〔六〕，所以裹帽則必用篦子約髮，入幞頭巾子中〔七〕。其後有絲絹作掠子，掠起髮〔八〕，頂帽出入，不敢使尊者見。又其後，方用紫羅爲無頂頭巾〔九〕，謂之額子，猶不敢習庶人頭巾。其後舉人始以紫紗羅爲長頂頭巾，稍作幅巾、逍遥巾，額子則爲不敬，衣用裹肚，勒帛則爲是。近又以半臂軍服披甲上，不帶者謂之背子，以爲重禮，無則爲無禮。不知今之士服，大帶拖紳，乃爲禮，不帶左衽，皆夷服。漢制，從者巾與殷毋追同，今頭巾若不作頂而四帶兩小者，在髮而差大者垂，則此制也。徐州之民去巾，下必有鹿楮皮冠，此古俗所著，良足美也。又唐初畫舉人，必鹿皮冠，縫掖大袖，黄衣短至膝，長白裳也。蕭翼御史至越，見辯才云〔十〕，著黄衣大袖，如山東舉子，用證未軟裹。曰：襴也〔十一〕。李太白像，鹿皮冠，大袖黄袍服，亦奇制也〔十二〕。』

校注

〔一〕此段摘引自米芾《畫史》。

〔二〕『故』舊抄本作『政』。

〔三〕《畫史》『宜』前有『圖』字。

〔四〕軟裹：唐代的一種帽子，即幞頭。王得臣《麈史》卷上《禮儀》：『幞頭，後周武爲四脚，謂之折上巾。……唐武德初，置平頭小樣巾子，武后賜百僚絲葛巾子，中宗賜宰相内樣巾子，蓋于裹頭帛下著巾子耳，然折上巾以餘帛折之而上繫，今謂之幞頭。小脚其所垂，兩脚稍屈而上，曰「朝天巾」，後又爲兩闊脚短而鋭者，名「牛耳幞頭」」，唐謂之軟裹。』

〔五〕『皮』舊抄本作『布』。弁：古代貴族子弟行加冠禮時用的一種帽子，用弁束住頭髮，禮成後把弁去掉不用。

〔六〕篦指一種齒比梳子密的梳頭工具，稱『篦子』。

〔七〕此句《畫史》作『客至，即言容梳裹，乃去皮冠，梳髮角加後以入幞頭巾子中』。

〔八〕原脱『起』字，今據《畫史》改。

〔九〕『無頂』舊抄本作『頂無』。

〔十〕蕭翼：本名世翼，避唐太宗諱作蕭翼，梁元帝的曾孫，善書畫，有權謀，唐貞觀年間曾任諫議大夫，監察御史。辯才指智永和尚的弟子辯才。

〔十一〕襴：衫，衣與裳相連曰襴。舊抄本作『襌』。

〔十二〕『奇』《畫史》作『其』。

宮室

張彦遠云〔一〕：『吴道子畫植柱構梁，不假界筆直尺〔二〕。』郭若虚云〔三〕：『畫屋木者，折算無虧，筆畫勻壯，深遠透空，一去百斜。如隋、唐、五代以前〔四〕，洎郭忠恕、王士元之流，畫樓閣多見四角，其斗栱逐鋪作爲之，向背分明，不失繩墨。今之畫者，多用直尺，一就界畫，分成斗栱，筆迹繁雜，無壯麗閒雅之意。』又云：『設或有未識漢殿、吴殿、梁柱、斗栱、叉手、替木、熟柱、駞峰、方莖、額道、抱間、昂頭〔五〕、琥珀枋、龜頭、虎坐、飛簷、撲水、膊風、化廢、垂魚、惹草、當鈎、曲脊之類，憑何以畫屋木也，畫者尚未能精究，況觀者乎？』〔六〕

校注

〔一〕此句摘引自《歷代名畫記》卷二《論顧陸張吴用筆》。

〔二〕『直尺』舊抄本作『人』。

〔三〕此後引自郭若虚《圖畫見聞志》卷一《論製作楷模》。

〔四〕『以前』舊抄本作『以來』。

〔五〕《圖畫見聞志》『昂頭』後有『羅花、羅幔、暗制、綽幕、猢猻頭』。

〔六〕舊抄本多有出入，語義近而行文多滯碍，不録。

圖畫考卷之四　紀　藝

山　水 附樹石

張彥遠云〔一〕：『魏晉以降，名迹在人間者，皆見之矣。其畫山水，則群峰之勢若鈿飾犀櫛〔二〕，或水不容泛，或人大於山，率皆附以樹石，映帶其地，列植之狀，則若伸臂布指。詳古人之意，專在顯其所長而不守於俗變也。唐初二閻擅美〔三〕，匠學楊、展〔四〕，精意宮觀，漸變所附，尚猶狀石，則務於雕透，如冰澌斧刃，繪樹則刷脉鏤葉，多栖梧菀柳，功倍愈拙，不勝其色。吴道玄者，天付勁毫，幼抱神奥，往往於佛寺畫壁，縱以怪石崩灘，若可捫酌。又於蜀道寫貌山水，由是山水之變，始於吴，成於二李。樹石之狀，妙於韋鶠，窮於張通。通能用紫毫秃鋒，以掌摸色，中遺巧飾，外若渾成。又若王右丞之重深，楊僕射之奇贍，朱審之濃秀，王宰之巧密，劉商之取象，其餘作者非一，皆不過之。若後有侯莫陳厦、沙門道芬〔五〕，精緻稠沓，皆一時之秀也。』

校注

〔一〕此段摘引自《歷代名畫記》卷一《論畫山水樹石》。

〔二〕犀櫛：用犀角製成的梳篦。

〔三〕二閻：指閻立本、閻立德兄弟。

〔四〕楊、展：楊契丹和展子虔的并稱。

〔五〕『若後』《歷代名畫記》作『近代』。侯莫陳厦：唐代畫家，字重搆，工山水，用意極精。沙門道芬：唐代中期畫家、僧人，會稽人，工山水、松石。

郭若虛云〔一〕：『林木有樛枝挺幹〔二〕、屈節皴皮，紐裂多端，分敷萬狀，作怒龍驚虺之勢，聳凌雲翳日之姿，宜須崖岸豐隆，方稱盤根老壯也。畫山石者，多作礬頭〔三〕，亦爲陵面，落筆便見堅重之性。皴淡則生窊凸之形〔四〕，每留素以成雲，或借地而爲雪〔五〕。其破墨之功，尤爲難也。』

校注

〔一〕此段摘引自《圖畫見聞志》卷一《論製作楷模》。

〔二〕《圖畫見聞志》『林木』前有『畫』字。

〔三〕礬：山水畫中山頂上的石塊，因其形狀如礬石頂部的結晶，故稱爲『礬頭』。

〔四〕 窊，同『洼』，凹凸，低下和高起。
〔五〕 『而』《圖畫見聞志》作『以』。

米元章云〔一〕：『李成山水，秀潤不凡〔二〕，松木勁挺，枝葉鬱然有陰。荆楚小木無冗筆，不作龍蛇鬼神之狀。今世所收〔三〕，大圖猶如顔、柳書藥牌，形貌似爾，無自然，皆凡俗，林木怒張，松幹枯瘦多節，小木如柴，無生意。成身爲光禄丞，子孫皆顯宦，非凡工所比〔四〕。董源平淡天真多，唐無此品，在畢宏上。近世神品，格高無與比也。峰巒出没，雲霧顯晦，不裝巧趣，皆得天真。嵐色鬱蒼，枝幹勁挺，咸有生意，溪橋漁浦，洲渚掩映，一片江南景也。關仝人物俗，石木出於畢宏，有枝無幹。張友正家收古柏一株，枝枝如龍蛇糾結，甚異。石亦皺澀不凡，題爲韋侯所作〔五〕。江南陳常以飛白筆作樹石，有清逸意。董源峰頂不工，絶澗危徑，幽扃多真意〔六〕。荆浩善爲雲中山頂，四面峻厚〔七〕。』

校 注

〔一〕 此段引自米芾《畫史》。
〔二〕 『潤』《畫史》作『甚』。
〔三〕 《畫史》『世』後有『貴侯』兩字。

〔四〕《畫史》作『（李）成身爲光禄丞，第進士，子祐爲諫議大夫，孫宥爲待制，贈（李）成金紫光禄大夫，使其是凡工，衣食所仰，亦不如是之多，皆俗手假名，余欲爲「無李論」』。

〔五〕韋侯：唐代畫家韋偃，其善畫鞍馬，傳世作品有《百馬圖》，蘇軾《韋偃牧馬圖》詩云：『人間畫馬惟韋侯，當年爲誰掃驊騮。』

〔六〕『扃』《畫史》作『扄』。

〔七〕『峻』舊抄本作『皴』。

訣云〔一〕：『畫山水，貴乎石光而潤〔二〕，水淡而明，泉石分乎高下，山水辨乎遠近〔三〕。野逕縈紆，雲烟出没，千里江山，盡歸木不〔四〕。竹木則貴勢傲烟霞，氣凌霜雪，怪節林列〔五〕，而直幹森空，虬枝蟠屈，倒纏黿蛇〔六〕，偃蓋低欹〔七〕。』

校　注

〔一〕此段當摘引自宋劉斧《青瑣高議》後集卷之一《議畫》。

〔二〕『光』《青瑣高議》作『老』。

〔三〕『水』《青瑣高議》作『光』。

〔四〕『木不』《青瑣高議》作『目下』，據前後語義當是。

〔五〕『林』《青瑣高議》作『枯』。

〔六〕『龜』《青瑣高議》作『龍』。

〔七〕『欹』《青瑣高議》作『欺』。

畢宏作松石〔一〕，落筆縱横，皆變易前法，不爲物滯，故得生意爲多。蓋畫家謂畫松當如夜叉臂、鸛鵲啄〔二〕，而深坳淺凸，又所以爲石焉，而宏一切變通。

校注

〔一〕《宣和畫譜》卷十《山水・畢巨集》：『畢巨集，不知何許人。善工山水，乃作松石圖於左省壁間，一時文士皆有詩稱之。其落筆縱横，皆變易前法，不爲拘滯也，故得生意爲多。蓋畫家之流嘗有諺語，謂畫松當如夜叉臂、鸛鵲啄，而深坳淺凸，又所以爲石焉。而宏一切變通，意在筆前，非繩墨所能制，宏大曆間官至京兆少尹，今御府所藏一《松石圖》。』按此段所引與《宣和畫譜》出入很大，故録其原文。

〔二〕夜叉：佛教所説的一種吃人的鬼。

郭熙云〔一〕：『春山澹冶而如笑，夏山蒼翠而如滴〔二〕，秋山明凈而如粧，冬山慘淡而如睡。大山堂堂爲衆山之主，長松亭亭爲衆木之表。』

校注

〔一〕此段摘引自郭熙《林泉高致·山水訓》。

〔二〕『山』舊抄本作『雲』。

又論曰〔一〕：『於幽處使可居，於平處使可行，天造地設處使可驚，嶄絶奇險處使可畏，此真善畫者也。』

校注

〔一〕此段摘引自《宣和畫譜》卷十二《山水三·巨然》：『昔嘗有論山水者，乃曰：「儻能於幽處使可居，於平處使可行，天造地設處使可驚，嶄絶戲險處使可畏，此真善畫也。」』郭熙《林泉高致》未有此言，或即盛熙明摘引自《宣和畫譜》。

圖畫考卷之五　紀　藝

竹　木

訣云：『近世喜畫枯木及竹，然枯木須作霜高脱葉之狀，不可作枯死木也。竹須是作竹葉，今往往似柳葉。』

米芾云〔一〕：『唐人作著色竹，比他竹大粗也。』

校　注

〔一〕米芾《畫史》：『王鞏（字定國）收李成《雪景》六幅，清潤，今歸林希（字子中）家，又收唐《竹圖》，著色，亦好，一横竹比他竹大粗也。』

唐有蕭悦畫竹，深得竹之生意。〔一〕

校注

〔一〕《宣和畫譜》卷十五《花鳥》：『蕭悦不知何許人也，時官爲協律郎，人皆以官稱其名，謂之蕭協律。唯喜畫竹，得竹之生意，名擅當世。白居易詩名擅當世，一經題品者價增數倍，題悦畫竹詩云：「舉頭忽見不似畫，低耳静聽疑有聲。」其被推稱如此，悦之畫可想見矣。今御府所藏五。』

郭熙云〔一〕：『學畫竹者，取一枝竹，月夜照其影於素壁上，則竹之形出矣〔二〕。』

校注

〔一〕此段摘引自郭熙《林泉高致·山水訓》。

〔二〕《林泉高致》『之』後有『真』字。

『蘇子瞻作墨竹〔一〕，從地一直起至頂。余問何不逐節分，曰：竹生時何嘗逐節生？運思清拔，出於文同與可〔二〕，自謂與文拈一瓣香〔三〕，以墨深爲面，淡爲背，自與可始也，作成林竹尤精。子瞻作枯木，枝幹虬屈無端，石皴硬，亦怪怪奇奇〔四〕，如其胸中盤鬱也。』

校注

〔一〕此段摘引自米芾《畫史》。

〔二〕文同，字與可，梓州梓潼人，以學識名於世，善畫竹，善詩、文、篆、隸、行、草、飛白，自號笑笑先生，與蘇軾是表兄弟。

〔三〕一瓣香：指一炷香，佛教禪宗長老開堂講道，燒至第三炷香時，長老即云這一瓣香敬獻傳授道法的法師，後以『一瓣香』指師承之意。這裡稱蘇軾自稱其畫竹師承文與可。

〔四〕《畫史》『奇』後有『無端』二字。

花鳥

《見聞志》云〔一〕：『花果草木自有四時景候〔二〕，陰陽向背，笋條老嫩，苞萼後先。』

校注

〔一〕此段摘引自《圖畫見聞志》卷一《論製作楷模》。

〔二〕《圖畫見聞志》『花』前有『畫』字。

又云〔一〕：『黄家富貴，徐熙野逸〔二〕。不惟各志有異〔三〕，蓋亦耳目所習，得之於心而應之於手也。何故知其然〔四〕？ 黄筌父子給事内宫〔五〕，多寫禁籞珍禽瑞鳥、奇花怪石〔六〕，今世傳桃花鷹鶻、純白雉兔、金盆鵓鴿、孔雀龜鶴之類是也。又翎毛骨氣尚豐滿，而天水分色。徐熙，江南處士，志節高邁，放達不羈，多狀江湖所有汀花野草、水鳥淵魚。今世傳鳧雁鷺鷥、蒲藻鰕魚、叢艷折枝、園蔬藥苗之類是也。又翎毛骨貴輕秀，而天水通色〔七〕。（大抵江南之藝，骨氣多不及蜀人，而瀟洒過之〔八〕）。二者春蘭秋菊，各擅重名，下筆成珍，揮毫可範。復有居寀兄居寶，徐熙之孫曰崇嗣、曰崇矩，蜀有刁處士光胤、劉贊、滕昌祐、夏侯延祐、李懷衮，江南有唐希雅，希雅之孫曰中祚、曰宿，及解處中輩，都下有李符、李吉之等〔九〕，及後來名手間出，企望徐生與二黄〔十〕，繇山水之有正經。（黄筌之師曰刁處士，關仝之師荆浩也。）』

校注

〔一〕此段摘引自《圖畫見聞志》卷一《論黄徐體異》。

〔二〕黄家富貴：指黄筌的繪畫風格華麗，適合宫廷的富貴氣象，故有此稱，後指五代花鳥畫的一個流派。徐熙野逸：指徐熙的繪畫風格樸素自然、清新淡雅，與黄筌并爲五代花鳥畫兩大流派。

〔三〕《圖畫見聞志》作『不惟各言其志』。

〔四〕《圖畫見聞志》作『何以明其然』。

〔五〕《圖畫見聞志》作『黄筌與其子居寀，始并事蜀爲待詔，筌後累遷如京副使。既歸朝，筌領真命爲宫贊（或曰筌到闕未久，物故。今之遺迹多見在蜀中日作，故往往有廣政年號，宫贊之命，亦恐傳之誤）。居寀復以待詔録之，皆給事禁中』。

〔六〕禁籞：禁苑周圍的藩籬，指禁苑、宫廷。

〔七〕《圖畫見聞志》作『又翎毛骨氣尚豐满，而天水分色』。

〔八〕《圖畫見聞志》作『言多狀者，緣人之稱，聊分兩家作用，亦在臨時命意。大抵江南之藝，骨氣多不及蜀人，而瀟灑過之也』。

〔九〕『等』《圖畫見聞志》作『儔』。

〔十〕『企望』《圖畫見聞志》作『跂望』。

『畫翎毛者，必須知識諸禽形體名件，自嘴喙、口、臉、眼緣、叢林、腦毛、披蓑毛；翅有梢翅，有蛉翅，翅邦上有大節、小節，大小窩翎，次及六梢。又有料風、掠草（彌縫翅習之間）、散尾、壓磾尾、肚毛、腿袴、尾錐。脚有探爪（三節）、食爪（三節）、托爪（一節）、宣黄八甲。鷙鳥眼上謂之看棚（一名看簷），背毛之間謂之合溜。山鵲、雞類各有歲時蒼嫩、皮毛眼爪之異。家鵝、鴨即有子肚，野飛水鳥禽〔一〕，自然輕梢。如此之類，或鳴集而羽翮緊戢，或寒栖而毛葉輕鬆〔二〕。已上俱有名體處所，必須融會，缺一不可。』〔三〕

校注

〔一〕《圖畫見聞志》無『鳥』字，據前後語義，『鳥』當是衍文。

〔二〕『輕鬆』《圖畫見聞志》作『鬆泡』。

〔三〕此段摘引自《圖畫見聞志》卷一《論製作楷模》。

蔬果草蟲附

《宣和畫譜》云〔一〕：『蔬果於寫生，最爲難工。論者以謂〔二〕，郊外之蔬易工於水濱之蔬，水濱之蔬又易工於園畦之蔬；墜地之果易工於折枝之果，折枝之果又易工於林間之果。若草蟲者，凡見諸詩人之比興，陳有顧野王，五代有唐垓，宋有郭元方、釋居寧〔三〕。』

校注

〔一〕此段摘引自《宣和畫譜》卷二十《蔬果序論》。

〔二〕『謂』舊抄本作『爲』。

〔三〕《宣和畫譜》云：『若草蟲者，凡見諸詩人之比興，故因附於此。且自陳以來至本朝，其名傳而畫存者才得六人焉。陳有顧野王，五代有唐垓輩，本朝有郭元方、釋居寧之流，餘有畫之傳世者，詳具於譜。』

龍魚

《見聞志》云〔一〕：『畫龍者，析出三停，分成九似（自首至膊，膊至腰，腰至尾，爲三停。鹿角、駝頭、鬼眼、蜃腹、蛇項、魚鱗、鷹爪、虎掌、牛耳，謂之九似也），窮游泳蜿蜒之妙，得蟠回昇降之宜〔二〕，仍要騣鬣肘毛〔三〕，筆畫壯快，直自肉中生出爲佳也。』

校注

〔一〕此段摘引自《圖畫見聞志》卷一《叙製作楷模》。

〔二〕『蟠回』《圖畫見聞志》作『回蟠』，按《書史會要》等均作『回蟠』，疑是。

〔三〕騣鬣：馬、獅子等頸上的長毛。

『畫魚者，多作庖中几上物，乏乘風破浪之勢，五代袁嶷以魚蟹馳譽，若崔白、徐皋輩，無涵泳噞喁之態，使人但垂涎耳〔一〕。劉寀畫魚，深得戲廣浮深、相忘於江湖之意。蓋畫者，以鬐、鱗、刺分明，則非水中矣，安得有涵泳自然之勢？若在水中，則無由顯露〔二〕。』

校注

〔一〕《宣和畫譜》卷九《龍魚叙論》：『魚雖耳目之所玩，宜工者爲多，而畫者多作庖中几上物，乏所以爲乘風破浪之勢，此未免絓乎世議也。五代袁嶬專以魚蟹馳譽，本朝士人劉寀亦以此知名，然後知後之來者世未乏也。悉以時代繫之，自五代至本朝得八人。凡水族之近類者因附其末。若徐白、徐皋等輩，亦以畫魚得名於時，然所畫無涵泳噞喁之態，使人但垂涎耳，不復有臨淵之羨，宜不得傳之譜也。』涵泳：潛游。噞喁：魚口開合貌。《文選·左思〈吴都賦〉》：『葺鱗鏤甲，詭類舛錯，泝洄順流，噞喁沉浮。』劉逵注：『噞喁，魚在水中群出動口貌。』

〔二〕《宣和畫譜》卷九《龍魚·劉寀》：『（劉寀）善畫魚，深得戲廣浮沉、相忘於江湖之意。蓋畫魚者，鬐、鬣、鱗、刺分明，則非水中魚矣，安得有涵泳自然之態？若在水中，則無由顯露。』

畜獸

郭若虚云〔一〕：『畫畜獸者，全要停分向背，筋力精神，肉分肥圓，毛骨隱起，仍分諸物所禀動止之性。（四足，惟兔掌底有毛，謂之建毛。）』

校注

〔一〕此段略摘引自《圖畫見聞志》卷一《論製作楷模》。

『晋武帝得《八駿圖》，穆王時畫，黄素上爲之，腐敗而骨氣宛在，歷代以爲國寶。貞觀中，傳模於世，一曰渠黄，二曰山子，三曰盜驪，四曰緑耳，五曰赤驥，六曰騟騮，七曰踰輪，八曰白𣻢。』〔一〕

校注

〔一〕《圖畫見聞志》卷五《故事拾遺·八駿圖》：『舊稱周穆王八駿日馳三萬里，晋武帝時所得古本乃穆王時畫，黄素上爲之，腐敗昏潰而骨氣宛在，逸狀奇形，實亦龍之類也，遂令史道碩模寫之。宋、齊、梁、陳以爲國寶，隋文帝滅陳，圖書散逸，此畫爲賀若弼所得，齊王暕知而求得之，答以駿馬四十蹄，美錦五十段，後復進獻煬帝。至唐貞觀中，敕借魏王泰，因而傳模於世。其一曰渠黄（身青，騣尾赤，項下至肚紅而蹄黑），其二曰山子（身紫，騣尾黑，項下至肚紅而蹄黑），其三曰盜驪（身黄而黑斑，騣尾黑，項下至肚紅而蹄黑，騣鬣絶少也），其四曰緑耳（身青，騣尾黑而虬，項下至肚紅而蹄黑），其五曰赤驥（身赤，騣尾赤而黄，項下至肚紅而蹄黑），其六曰騟騮（身淺紫，騣尾深紫而虬，項下至肚紅而蹄黑，騟音華），其七曰踰輪（身紫而帶黑，騣尾黑而虬，項下至肚紅而蹄黑。額上若精，騣向前，尖而上卷），其八曰白𣻢（身青驄，騣尾紅，項下至肚紅而蹄黑。𣻢音義）。』

『唐開元、天寶，世尚輕肥，三花飾馬，剪鬃爲三辮。韓幹畫《三花御馬》，張萱畫《虢國出

行圖》，亦有三花馬。』〔一〕

校注

〔一〕《圖畫見聞志》卷五《故事拾遺·三花馬》：『唐開元、天寶之間，承平日久，世尚輕肥，三花飾馬，舊有家藏韓幹畫《貴戚閱馬圖》，中有三花馬，兼曾見蘇大參家有韓幹畫《三花御馬》，晏元獻家張萱畫《虢國出行圖》，中亦有三花馬。三花者，剪鬉爲三辮，白樂天詩云：「鳳牋書五色，馬鬣剪三花。」』

《畫譜》云〔一〕：『畫史狀牛馬而得名者爲多。至虎、豹、鹿、豕、獐、兔，取其原野荒寒跳梁奔逸不羈之狀，以寄筆間豪邁之氣〔二〕。若乃犬、羊、猫、狸，又其近人之物，最爲難工。花間竹外〔三〕，舞裀綉幄〔四〕，得其不爲揺尾乞憐之態〔五〕。馬則晉有史道碩，唐有韓幹、曹霸。牛則唐有戴嵩與其弟戴嶧，五代及宋有朱羲輩〔六〕。犬則唐有趙博文，五代有張及之，宋有趙令松。羊則五代有羅塞翁。虎則唐有李漸，宋有趙邈齡〔七〕。猫則五代有李靄之，宋有王凝、何尊師。』又云：『士人多善畫馬者，以馬之取譬，駑驥遲疾，隱顯遇否，如士之游世〔八〕。』胡瓌用畫駞馬、鬃尾、人衣、毛毳，以狼毫縛筆疏渲之，取其纖健也。〔九〕

校注

〔一〕此段略摘引自《宣和畫譜》卷十三《畜獸叙論》。

〔二〕《宣和畫譜》作『至虎、豹、鹿、豕、獐、兔，則非馴習之者也，畫者因取其原野荒寒，跳梁奔逸，不就羈馽之狀，以寄筆間豪邁之氣而已』。

〔三〕『外』舊抄本作『木』。

〔四〕『舞裀』舊抄本作『綺細』。

〔五〕《宣和畫譜》此句後作『故工至於此者，世難得其人。粤自晋迄于本朝，馬則晋有史道碩，唐有曹霸、韓幹之流』。

〔六〕《宣和畫譜》作『五代有厲歸真，本朝有朱羲輩』。

〔七〕『齡』《宣和畫譜》作『齪』。按《圖畫見聞志》等均作『趙邈齪』，故『齡』當爲『齪』之形誤。

〔八〕《宣和畫譜》卷十三《畜獸一·李緒》：『（緒）嘗謂士人多喜畫馬者，以馬之取譬必在人材，駑驥遲疾，隱顯遇否，一切如士之游世。』據此可知，『取譬』後或脱『必在人材』四字。

〔九〕《圖畫見聞志》卷二《紀藝上》：『胡瓌，范陽人，工畫蕃馬，雖繁富細巧，而用筆清勁。至於穹廬、什器、射獵生死物，靡不精奇。凡畫駝馬鬉尾，人衣毛毳，以狼毫縛筆疏渲之，取其纖健也。』

圖畫考卷之六　名譜

上古

軒轅　史皇

周　封膜

齊　敬君

秦　烈裔

前漢　毛延壽　陳敞　鎦白　龔寬　陽望　樊育

後漢　趙岐　劉褒　蔡邕　張衡　劉旦　楊魯

魏　曹髦　楊修　桓範　徐邈

吴　曹不興　吴王趙夫人〔二〕

蜀　諸葛亮子瞻

校注

〔一〕舊抄本作『吴王趙真人』。

中古

晉

明帝	荀勗	張墨	衛協	王廙	王羲之
王獻之	謝稚	夏侯瞻	嵇康	温嶠	謝岩
曹龍	丁遠	楊惠	江思遠	康昕	顧愷之
史道碩〔一〕	王濛	戴逵子顒〔二〕			

校注

〔一〕《歷代名畫記》中『康昕、顧愷之、史道碩』三人列於前文『王獻之』之後。

〔二〕『戴逵』後注文『子顒』《歷代名畫記》作『逵子敎，敎弟顒』。

宋

陸探微二子綏、弘肅　顧寶光　宗炳　王微　謝莊
史敬文　史藝　劉斌　尹長生　顧駿之　袁倩〔一〕
康允之　顧景秀　吴暕　張則　劉胤祖弟紹祖、子璞
蔡斌　濮万年　濮道興　史粲　朱僧辨　褚靈石
范惟賢

校注

〔一〕《歷代名畫記》『袁倩』後有注文『倩子質』，列於前文『謝莊』之後。

南齊

宗測　劉係宗　姚曇度子釋惠覺　蘧道敏甥沙門僧珍　章繼伯
范懷珍　鍾宗之　王奴　王殿　戴蜀　陳公恩
陶景真　張季和　沈標　謝赫　沈粲　丁光
周曇研　謝惠連　謝約　虞堅　丁寬　劉瑱
毛惠遠弟惠秀、子稜　袁昂　焦寶願　嵇寶鈞

梁

元帝子方等　蕭大連　蕭賁　陸杲　陶弘景

張僧繇子善果、儒童　聶松　解倩　陸整　江僧寶

僧威公　僧吉底俱　僧摩羅菩提　僧迦佛佗

陳

顧野王

後魏

蔣少游　郭善明　侯文和　柳儉　閔文和　郭道興

楊乞德　王由　祖班

北齊

高孝珩　蕭放　楊子華　田僧亮　劉殺鬼　曹仲達

殷英童　高尚士　徐德祖　曹仲璞

後周

馮提伽

隋

閻毗　何稠　劉龍弟袞　展子虔　鄭法士弟法輪〔一〕

孫尚子　董伯仁　楊契丹　劉烏　陳善見　江志
李雅　王仲舒　閻思光　解悰　程瓚　尉遲跋質那
僧曇摩拙叉

校注

〔一〕《歷代名畫記》此條後有『子德文』三字。

唐

漢王元昌弟韓王元嘉、滕王元嬰　閻立本兄立德〔一〕　張孝思〔二〕　范長壽
何長壽　尉遲乙僧　劉孝思　靳智翼　王定　梁寬
吴智敏　康薩陁　王智慎　王韶應　檀智敏　楊須跋
趙武端　范龍樹　周烏孫　楊德紹　陳義　殷敫
殷季友　許琨　僧法明　錢國養　左文通　王陀子
牛昭　吴道子　張愛兒　楊惠之　員明　程進
韓伯通　竇弘果　毛婆羅　孫仁貴　金忠義　翟琰
李生　張藏　楊庭光　盧稜伽　姚景仙　武静藏

董粤
姜皎
曹元廓
李仲昌
毛嵩
任貞亮
史晟
李鑾子
潘細衣
宋令文
鄭逾
孟仲暉
王熊
李平鈞
張通
魏晉孫

陳静心弟静眼
李思訓
劉行臣
李嗣真
姚彦山
陸廷曜
何君墨
馬樹鷹
殷令名
盧鴻
李果奴子士昉
杜景祥
王象
崔陽元
周古言〔七〕
蒯廉

程雅
李思誨子林甫
暢[illegible]子明瑾〔四〕
韋无忝弟无蹤
程遜
暢整
京元成
祝丘
殷聞禮子仲容
僧金剛三藏
曹霸
王允之
田琦
吴俊〔五〕
耿昌言弟昌期
白旻

楊坦子爽
李昭道子湊
楊昇
朱抱一
董好子
李相國
崔霞
周子敬
談皎
司馬承禎
韓幹
王維
竇師綸
李炅
嚴杲
韓嶷子文肅

楊仙喬〔三〕
薛稷
張萱
竺元標
楊樹兒
陳慤
冷元琇
段去惑
張遵禮
僧翛然
孔縈
張諲
江都王緒
張惟亘〔六〕
楊德本
陳庭

馮紹正
郎餘令
尹琳
蔡金剛
耿純
劉智敏
馬光業
僧智瑰
王紹宗
鄭虔
陳閎
劉方平
李逖
李滔
李韶
高江

車道政 滕王湛然 齊皎弟映 朱審 王宰 畢宏
楊炎 史瓚 裴諝 韋鑒弟鑾、子鶠 張璪 陳曇
顧況 沈寧 劉商 劉整 劉之奇 邊鸞
于錫 强穎〔八〕 梁廣 陳庶 陳恪子積善 戴重席
劉之章 周昉 趙博宣弟博文〔九〕 王朏 鄭寓
韓滉 戴嵩弟嶧 李漸子仲和 蕭祐 周太素 麴庭
蕭悦 張志和 僧道芬 鄭町 侯莫陳夏〔十〕 梁洽
項容 吴恬 王默

校注

〔一〕《歷代名畫記》作『閻立德（弟立本）』。
〔二〕『思』《歷代名畫記》作『師』。
〔三〕《歷代名畫記》『楊仙喬』後有『解倩』。
〔四〕《歷代名畫記》『暢訾』後有『楊寧』。
〔五〕《歷代名畫記》無『吴俊』，下文『楊德本』後有『具俊』，疑爲形誤。
〔六〕『惟』《歷代名畫記》作『維』。

〔七〕《歷代名畫記》『周古言』与『耿昌言』顛倒。

〔八〕『潁』《歷代名畫記》作『潁』。

〔九〕《歷代名畫記》作『趙博文（兄博宣）』。

〔十〕『侯莫陳夏』《歷代名畫記》列於前文『張志和』之後。

以下唐末人

左全　趙公祐　趙温其　趙德齊　范瓊　陳皓

彭堅　常粲　常重胤　吕蕘　竹虔　孫遇

張詢　張南本　麻居禮　張素卿　陳若愚　胡瓌子虔

荆浩　刁光胤　尹繼昭　李洪度　辛澄　張騰

張贊　于兢　趙嵓　劉彦齊　袁義　羅塞翁

東丹王〔一〕　胡翼　王殷　李群　燕筠　杜霄

李玄應〔二〕　厲歸真　李靄之　韋道豐　朱簡章　王喬士

鄭唐卿　闞仝〔三〕　支仲元　枚行思〔四〕　郭乾暉　鍾隱

郭權　史瓊　程凝　王道古　李坡　唐垓

王道求　宋卓　富玫　左禮　張南　王偉

黄延浩　張質　韓求　李祝　張圖　朱繇

李昇　杜楷　杜子環　杜洪義　房從真　宋藝

高道興　阮知晦　杜齯龜　蒲延昌〔五〕　黄筌　高從遇

阮惟德　杜敬安　黄居寶　趙元德　趙忠義　蒲師訓

張玫　徐德昌　周行通　張玄　孔嵩　丘文播

丘文曉　趙才　滕昌祐　姜道隱　楊元真　董從晦

張景思　跋異　王仁壽　衛賢　朱悰　曹仲玄

陶守立　竹夢松〔六〕　何遇　陸晃　施璘　貫休

楚安　傳古弟子岳闍黎　智藴　德符

校注

〔一〕《圖畫見聞志》『東丹王』後有『胡擢』。

〔二〕《圖畫見聞志》『李玄應』後有注文『弟審』。

〔三〕『關仝』《圖畫見聞志》作『關同』。

〔四〕『枚行思』《圖畫見聞志》作『梅行思』。

〔五〕『蒲延昌』《圖畫見聞志》列於下文『蒲師訓』之後。

〔六〕《圖畫見聞志》『竹夢松』後有『丁謙』。

近古〔一〕

燕恭肅王　嘉王　李後主〔二〕　武宗元　劉永年
郭忠恕　王士元　宋道弟迪　文同　郭元方
董源
右皆王公士大夫也。

李成　宋澥
右二人高尚之士也，下皆業繪畫名。

校注

〔一〕以下内容摘引自《圖畫見聞志》卷三《紀藝中》。
〔二〕《圖畫見聞志》『李後主』後有『燕肅』。

王靄　高益　王瓘　孫夢卿　趙光輔　趙隱士
孫知微　勾龍爽　李文才　石恪　袁仁厚　趙長元〔一〕
周文矩　顧德謙　郝處　厲昭慶　顧洪祝　李雄
侯翼　高文進　王道真　李用及　李象坤　高懷節
張昉　高元亨　楊朏〔二〕　王兼濟　孫懷悦　陳用智
孟顯　陳士元　王拙　王居正　葉進成　葉仁遇
郝澄　童仁益　毛文昌　南簡　龍章子淵　武洞清
江惟情　鍾文秀　田景　李元濟　王易　陳坦
令宗　李八師　劉道士

右五十三人畫人物并傳寫。

校　注

〔一〕《圖畫見聞志》「趙長元」後有「王齊翰」，據下文所載「右五十三人」，當知此處抄漏「王齊翰」。

〔二〕《圖畫見聞志》「楊朏」後有注文「子圭」。

牟谷　高太沖　尹質　歐陽虋文廣　元靄　維真

何充
右獨工傳畫精妙。

范寬　劉永　王端　翟院深　燕貴　許道寧
紀真　黄懷玉　商訓　丘訥　龐崇穆　李隱
高克明　屈鼎　郝鋭　梁忠信　李宗成　郭熙
董贇　侯封　符道隱　擇仁　巨然　繼肇
以上工山水。〔一〕

校注

〔一〕此段摘引自《圖畫見聞志》卷四《紀藝下・山水門》。

黄居寀　劉贊　丘餘慶〔二〕　夏侯延祐　高懷寶　徐熙
徐崇矩　徐崇嗣　唐希雅　唐宿　唐忠祚　解處中
祁序　陶裔　毋咸之　李符〔三〕　傅文用　劉夢松
劉文惠　李懷衮　王曉　趙昌　王友　鐔宏

易元吉　崔白　崔慤　艾宣　李吉　侯文慶
董祥　葛守昌　李祐　丁貺　閻士安　居寧
慧崇　何尊師　牛戩
以上工花鳥。

校注

〔一〕《圖畫見聞志》作『丘慶餘』，且列於『夏侯延祐』之後，按《宣和畫譜》卷一七：『丘慶餘，本西蜀人，文播之子，善畫花竹翎毛等物。』此或盛熙明誤抄。

〔二〕《圖畫見聞志》『李符』在『劉文惠』之後。

卑顯　張戩〔一〕　丘士元　裴文晛　胡九齡　馮清
包貴　包鼎　趙邈齡〔二〕　辛成　馮進成　吴進
吴懷　董羽　任從一　趙幹　曹仁熙　荀信
戚文秀　路衙推　楊揮　朱澄　徐易　徐白
劉文通　蔡潤　蒲永昇　何霸　張經　支選
藴能　吕拙　趙裔　鄧隱

以上工雜畫。

校注

〔一〕『張戡』《圖畫見聞志》作『張翼』。

〔二〕『趙邈齡』《圖畫見聞志》作『趙邈齪』，按《宣和畫譜》卷十三載：『趙邈齪，亡其名，樸野不事修飾，故人以邈齪稱，不知何許人也，善畫虎，不惟得其形似而氣韻俱妙。』此或盛氏抄誤。

圖畫考卷之七　鑒藏

辨謬

《名畫記》云〔一〕：『論衣服、人物、車輿、土風，年代各異，南北有殊。觀畫之宜，在乎詳審。只如吴道子畫仲由，便戴木劍；閻令公畫昭君，已著幃帽。殊不知木劍創於晋代，幃帽興於唐朝。舉此凡例，亦畫之一病也。且如幅巾傳於漢魏，羃䍦起自齊隋，幞頭始於周朝折上巾軍旅所服，即令幞頭也，用全幅皁向後幞髮，俗謂之幞頭，武帝建德年間方裁爲四脚也。巾子創於武德。胡服靴衫，豈可輒施於古像？衣冠組綬，不宜長用於今人。芒屩非塞北所宜，牛車豈嶺南所有。辨古今之物，商較土風之宜，指事繪形，可驗時代。其或生長南方，不見北朝人物；習熟塞北，不識江南山川〔二〕；遊處江東，不知京洛之盛。此則非繪畫之病，詳辨南北之妙迹、古今之名蹤，然後可以識畫。』

校　注

〔一〕此段略摘引自《歷代名畫記》卷二《叙師資傳授南北時代》。

〔二〕『識』原作『議』，《歷代名畫記》作『識』，據前後語義，『議』當爲『識』之形誤，今改。

品價

張彥遠云〔一〕：『夫失於自然而後神，失於神而後妙，失於妙而後精，精之爲病也，恐有缺大而成謹細〔二〕。自然者爲上品之上，神者爲上品之中，妙者爲上品之下，精者爲中品之上，謹而細者爲中品之下〔三〕。今立此五等以包六法，以貫衆妙，其間詮量可有數百等，孰能周盡？非夫神邁識高、情逸心慧者，豈可議乎畫云〔四〕？徧觀諸畫，惟顧生畫古賢得其妙理〔五〕，對之令人終日不倦，凝神遐想，妙合自然，物我兩忘，離形去智。身固可使如槁木，心固可使如死灰，不亦臻於妙理哉？所謂畫之道也。』

校注

〔一〕此段摘引自張彥遠《歷代名畫記》卷二《論畫體工用搨寫》。
〔二〕《歷代名畫記》無『恐有缺大』四字。
〔三〕『下』《歷代名畫記》作『中』。
〔四〕『畫云』《歷代名畫記》作『知畫』。

〔五〕『顧生』當指顧愷之。

又云〔一〕：『昔張懷瓘作《書估》，論曰：書畫道殊，不可渾詰〔二〕。書即約字以言價，畫則無涯以定名。况漢、魏、三國名蹤已絶於代，今人貴耳賤目，罕能詳鑒。若傳授不昧，其物猶存，則爲國家之重寶〔三〕。晋之顧，宋之陸，梁之張，首尾完全，爲希世珍，皆不可論價。如其偶獲方寸，便可椷持，比之書價。則顧、陸可同鍾、張，僧繇可同逸少，書則逡巡可成，畫非歲月可就，所以書多於畫，自古而然。今分爲三古，以定貴賤。以漢魏三國爲上古，則趙岐、劉褒、蔡邕、張衡（已上後漢人）、曹髦、楊修、桓範、徐邈（魏）、曹不興（吴）、諸葛亮（蜀）之流是也。以晋宋爲中古，則明帝、荀勗、衛協、王廙、顧愷之、謝稚、嵇康、戴逵、陸探微、顧寶光、袁倩、顧景秀之流是也。以齊、梁、北齊、後魏、陳、周爲下古，則姚曇度、謝赫、劉瑱、毛惠遠（齊）、元帝、袁昂、張僧繇、江僧寶（梁）、楊子華、田僧亮、劉殺鬼、曹仲達（北齊）、蔣少游、楊乞德（後魏）、顧野王（陳）、馮提伽（後周）之流是也，隋及唐初爲近代之價，則董伯仁、展子虔、孫尚子、鄭法士、楊契丹、陳善見（隋）、張孝師、范長壽、尉遲乙僧、王知慎、閻立德、立本之流（已上唐）是也。上古質略，徒有其名，畫之蹤迹，不可具見。中古妍質相參，世之所重，如顧、陸之迹，人間切要。下古評量料簡〔四〕，稍易辨解，迹涉今時之人所悦。其間有中古可齊上古，顧、陸是也；下古可齊中古，僧繇、子華是也；近代之價可齊下古，董、展、楊、鄭是也；唐畫可齊中古，則尉遲乙僧、吴道子、閻立本是也。若詮量次第，有數百等，今且舉世俗之所知而言，凡人間藏蓄，必當有顧、陸、張、吴著名卷軸，方可言有圖畫。若書之九經三史〔五〕，顧、陸、張、吴爲正經，楊、鄭、董、展爲三史，其諸雜迹爲百家吴質近可爲正經。必也手揣卷軸，口定貴賤，不惜泉貨，要藏篋笥，則董伯仁、展子虔、鄭法士、楊子華、孫尚子、閻立本、吴道玄，屏風一片，值金二萬，次者售一萬五千自隋已前多畫屏風，未知有畫幛，故以屏風爲準也。其楊契丹、田僧亮、鄭法輪、乙僧、閻立德，一扇值金一萬，且舉俗間諳悉者，推此而言，可見流品。夫中品藝人有合作之時，可齊上品藝人；上品藝人當未遒之日，偶落中品。惟下品雖有合作，不得厠於上品。在博通之人臨時鑒其妍醜。如張顛以善草得名，楷隸未必爲人所寶。余曾見小楷《樂毅論》，虞、褚之流。韋鶠以畫馬得名，人物未必爲人所貴。余見畫人物，顧、陸可儔。夫大畫與細畫，用筆有殊，臻其妙者有數體。如王右軍書自有數體，及諸行草，各繇臨時構思淺深耳〔六〕，此須廣見博論，不可一概而取。昔裴孝源都不知畫，妄定品第，大不足觀。但好之則貴於金玉，不好則賤於瓦礫。要之在人，豈可言價？』

校注

〔一〕此段摘引自《歷代名畫記》卷二《論名價品第》。

〔二〕渾：全也。詰：問也。渾詰：一概而論。

〔三〕『國家』《歷代名畫記》作『有國有家』。

〔四〕『料』《歷代名畫記》作『科』。科簡：衡量簡擇。料簡：清點察看。

〔五〕《歷代名畫記》作『若言有書籍，豈可無九經三史？』

〔六〕『繇』，同『由』。

印記

古者御府圖畫，晋宋至周，皆未行印記，惟列當時鑒知人押著〔一〕。自唐以來，内府及諸家皆有印記詳載《圖書考》第八卷〔二〕。南唐李後主雅好圖書，精於賞鑒，有印篆曰『内殿圖書』、『内合同印』、『建業文房之寶』、『内司文印』、『集賢殿書院印』、『集賢御書印』此印多用墨，或親題畫人名姓，或有押字。〔三〕

校注

〔一〕《歷代名畫記》卷三《叙自古跋尾押署》：『前代御府，自晋宋至周隋，收聚圖畫，皆未行印記，但備列當時鑒識藝人押署。』

〔二〕盛氏《法書考》卷之八有歷代名家印記，此處《圖書考》當爲《法書考》之誤。

〔三〕自『南唐李後主雅好圖書』至文末摘引自《圖畫見聞志》卷六《近事·李主印篆》。

米芾家上品書畫用姓名字印、『審定真迹』字印、『神品』字印、『平生真賞』印、『米芾秘篋』印、『寶晋書印』、『米姓翰墨』印、『鑒定法書』之印、『米姓秘玩』之印。玉印六枚：『辛卯米芾之印』〔一〕、『米芾氏印』、『米芾印』、『米芾元章印』、『米芾氏』，以上六印白字，有此印印者皆絶品。玉印惟著於書帖。其他字印枚〔二〕，雖參用於上品，自畫古賢，惟用玉印。近代書多有宣和七印，明七印，皆經内府收，往往售者作僞，不可爲信。〔三〕

校注

〔一〕此处《畫史》多『米芾』二字，應是。爲『辛卯米芾』、『米芾之印』兩方印章。

〔二〕《畫史》『枚』前有『有百』二字，應是。

〔三〕此段略摘引自米芾《畫史》。

裝背

《名畫記》云〔一〕：『自晋代以前，裝背不佳。宋時范曄，始能裝背。武帝時徐爰，明帝時虞龢、巢尚之、徐希秀、孫奉伯編次圖畫，裝背爲妙。梁武帝命朱异、徐僧權、唐懷充、姚懷珍、沈熾文等又加裝護。國朝太宗皇帝使典儀王行真等裝褫，起居郎褚遂良、校書郎王知敬等監領。凡圖書本是首尾完全著名之物，不在輒議改移之限。若要錯綜次第，或三紙五紙，三扇五扇，又上、中、下等相揉雜，本無銓次者，必宜與好處爲首，下者次之，中者最後〔二〕。凡人觀畫，必鋭於開卷，懈怠將半。次遇中品，不覺留連，以至卷終。此虞龢論裝書畫之例，於理甚暢，凡煮糊必去筋，稀緩得所，攪之不停，自然調熟。入少細研薰陸香末〔三〕，永去蠹而牢固，或入少蠟〔四〕，要在密潤，候陰陽之氣以調適。秋爲上時，春爲中時，夏爲下時，暑濕之時不可用。勿以熟紙背，必皺起，宜用白滑漫薄大幅生紙。縫先避人面及要節處。若縫縫相當，則强急卷舒有損，要令參差其縫，則氣力均平。太硬則强急，太薄則失力，絹素綵色，不可搗理。紙上白畫，可以砧石妥貼之，宜造一太平案，漆板朱界，制其曲直。古畫必有積年塵垢，須用皂莢清水，數宿漬之，平案扞去塵垢，畫復鮮明，色亦不落。補綴擡策，油絹襯之。直其邊際，密其隟縫，端其經緯，就其形制，拾其遺脱，厚薄均調，潤潔平穩，然後乃以鏤沈檀爲軸首，或裹鼊束金爲飾，白檀身爲上，香潔去虫。小軸白玉爲上，水精爲次，琥珀爲下。大軸杉木漆頭，輕圓最妙。前代多用雜寶爲飾，易爲剥壞，故貞觀、開元中，内府圖書一例爲白檀身、紫檀首、紫羅褾、織成帶。古之異錦，具李章武所集《錦譜》。』

校注

〔一〕此段略摘引自《歷代名畫記》卷三《論裝背褾軸》。

〔二〕《歷代名畫記》此句後有『何以然』三字。

〔三〕《歷代名畫記》此句後有『出自拙意』。

〔四〕『或入少蠟』《歷代名畫記》作『古人未之思也，汧國公家背書畫，入少蠟』。

文彥博以古畫背作匣〔一〕，意在寶惜。然貼絹背著，綳損愈疾。今人屏風，一二年即裂斷〔二〕，書畫以時卷舒，近人手頻自不壞，歲久不開。凡古畫不脫，不須背。

校注

〔一〕此段略摘引自米芾《畫史》。

〔二〕《畫史》此句後有『恰恰蘇落也，匣是收壁畫製』十一字。

藏玩

張彥遠云〔一〕：『夫金出於山，珠産於泉，取之不已，爲天下用。圖畫歲久，耗散將盡，名人藝士，不復更生，可不惜哉！夫人不善寶玩者，動見勞辱；卷舒失所者，操揉便損；不解裝褫者，隨手弃捐。遂使真迹漸少，不亦痛乎？非好事者不可妄傳書畫，近火燭不可觀，當風日、正飡飲、唾涕不洗手并不可觀〔二〕。昔桓玄愛重圖畫，每示賓客，客有非好事者，正飡寒具油麵餅也，以手捉畫，畫大點污。玄惋惜移時，自後每出法書，輒令洗手。人家要置一平安床褥，拂拭舒展觀之。大卷軸宜造架，觀則懸之。凡書畫時時舒展，即免蠹濕。』

校注

〔一〕此段略摘引自《歷代名畫記》卷二《論鑒識收藏購求閱玩》。

〔二〕《歷代名畫記》『觀』後有『書畫』二字。

附録

鐵琴銅劍樓藏書目録　卷十五

《圖畫考》七卷，舊抄本。元盛熙明撰。熙明有《法書考》八卷，著録四庫而此書不載。錢氏《元史·藝文志》亦無其目。案：自序有云『臣不揣愚陋，嘗著《法書考》，今復博采傳記，芟繁摭要，撰爲《圖畫考》一通，繕寫上進』，是此書之作，在《法書考》奏御之後，本自别行也。書爲目二十有七：卷一曰述原、興廢、規鑒、圖名、師傳；卷二曰工用、筆法、氣韻、設色、模拓；卷三曰佛道、人物、傳真、宫室；卷四曰山水附樹石；卷五曰竹木、花鳥、蔬果、龍魚、畜獸；卷六曰名譜，分上古、中古、近古三子目；卷七曰鑒藏、辨謬、品價、印記、裝褙、藏玩。大概本之張彦遠《名畫記》、郭若虚《見聞志》，餘如謝赫《古畫品録》、郭思《林泉高致》之屬，已不多及。《四庫全書提要》稱《法書考》雖襍取諸家之説，而采擇特精。今觀此書，亦復條理秩然，猶前志也。

跋

張元濟

盛熙明著有《法書考》，曩得吴元朗舊藏寫本，印于《續編》。友人傅沅叔嘆爲精絶，謂遠出曹楝亭詩局刊本之上。此亦熙明所著，《四庫》未著于録，即錢氏《元史・藝文志》亦不載，蓋遺佚久矣。盛氏自序謂繼《法書考》而作，故體例悉同。大抵取材於張彦遠《歷代名畫記》、郭若虚《圖畫見聞誌》及《宣和畫譜》與夫謝赫、米芾、郭熙諸家緒論，然亦有出於其外者。逸事珍聞，足資探討。人間秘笈，久付沉淪。故亟印行，以爲盛氏遺著兩美之合，且以補錢氏《元史・藝文》之缺。海鹽張元濟。

中國書畫基本叢書
已出書目

宣和書譜　宣和畫譜
〔宋〕佚名 撰　林宗毛 點校　曹旭 審定
圖畫見聞志校注　〔北宋〕郭若虚 撰　吴企明 校注
法書考　圖畫考　校注
〔元〕盛熙明 著　宋佳俊 校注　曹旭 審定
弇州山人題跋　書畫跋跋
〔明〕王世貞 〔明〕孫鑛 撰　湯志波 點校
郁氏書畫題跋記　〔明〕郁逢慶 纂輯　趙陽陽 點校
東圖玄覽　詹氏性理小辨（書畫部分）
〔明〕詹景鳳 著　劉九庵 標點　劉凱 整理
珊瑚網　〔明〕汪砢玉 纂輯　于淑娟 李保民 點校
頻羅庵題跋　快雨堂題跋
〔清〕梁同書 〔清〕王文治 撰　李松朋 點校
繪事瑣言　繪事雕蟲　三萬六千頃湖中畫船録
〔清〕迮朗 撰　賈素慧 點校
藝舟雙楫　〔清〕包世臣 撰　金丹 點校
書畫鑑影　〔清〕李佐賢 纂輯　陸一中 點校
穰梨館過眼録　〔清〕陸心源 纂輯　陳小林 點校
清朝書人輯略　〔清〕震鈞 輯　蔣遠橋 點校
壬寅消夏録　〔清〕端方 繆荃孫 纂輯　魏小虎 點校
虚齋名畫録校補　龐元濟 纂輯　李保民 校補
遐庵清秘録　遐庵談藝録
葉恭綽 撰　李軍 點校

圖書在版編目（CIP）數據

法書考　圖畫考　校注／（元）盛熙明著；宋佳俊校注. -- 上海：上海書畫出版社, 2023.12
（中國書畫基本叢書）
ISBN 978-7-5479-3283-4

Ⅰ. ①法… Ⅱ. ①盛… ②宋… Ⅲ. ①漢字－書法－研究－中國－元代②中國畫－繪畫理論－中國－古代
Ⅳ. ①J292.112.5②J212

中國國家版本館CIP數據核字（2024）第025308號

法書考　圖畫考　校注

〔元〕盛熙明 著　宋佳俊 校注　曹　旭 審定

責任編輯　陳家紅
審　　讀　曹瑞鋒
整體設計　王　峥
技術編輯　吴　金
出 品 人　王立翔

出版發行　上海世紀出版集團
　　　　　上海書畫出版社
地　　址　上海市閔行區號景路159弄A座4樓　201100
網　　址　www.shshuhua.com
電　　郵　shuhua@shshuhua.com
印　　刷　上海中華商務聯合印刷有限公司
經　　銷　各地新華書店
開　　本　720×1000mm　1/16
印　　張　27
字　　數　250千字
版　　次　2024年3月第1版
　　　　　2024年3月第1次印刷

書　　號　ISBN 978-7-5479-3283-4
定　　價　168.00圓

若有印刷、裝訂質量問題，請與承印廠聯係

綜合索引

一、本索引係《法書考》、《圖畫考》二書中人名、書名、書畫作品名、技法術語等綜合索引。

二、鑒於《法書考》、《圖畫考》二書引述前人書畫評論、章法制度的特殊性，本索引人名、書名、書畫作品名、技法術語等詞條僅限於評論者、引用書目及本書條目，引述内容涉及上述詞條者不計入索引。

三、《法書考》卷之八“附録”－“押署跋尾”條下所列人名，《圖畫考》卷一“叙古”－“圖名”條下所列作品名、“師傳”條下所列人名、卷六“名譜”所列人名，較爲集中，故不列入詞條。詳見本書第二九五至二九六頁、第三一七至三二〇頁、第三二一至三二二頁、第三五八至三七一頁。

一畫

二畫

三畫

四畫

五畫

六畫

七畫

八畫

九畫

十畫

十一畫

十二畫

十三畫

十四畫

十五畫

十六畫

十七畫

十八至十九畫